有生命的漢字
部件意義化識字教材

李雪娥 主編

李雪娥、高佩茹、陳曉依、陳雅嫵
陳寶玉、陳凱玫、劉至瑜、劉蘋誼 著

作者簡介

- 李雪娥，退休國小老師

  【主編】　國立嘉義大學教育學系 博士

  （特殊教育課程與教學領域）

- 高佩茹，臺北慈濟醫院 語言治療師
- 陳曉依，曉依語言治療所 所長
- 陳雅嫦，埔里基督教醫院心理健康中心 語言學習評量員
- 陳寶玉，埔里基督教醫院心理健康中心 語言治療師
- 陳凱玟，中山醫學大學語言治療與聽力學系 助理教授
- 劉至瑜，南投縣竹山國中 特教教師
- 劉蘋誼，臺中市東平國小 特教教師

目次

目次

ㄧ
ㄕ
ㄋ

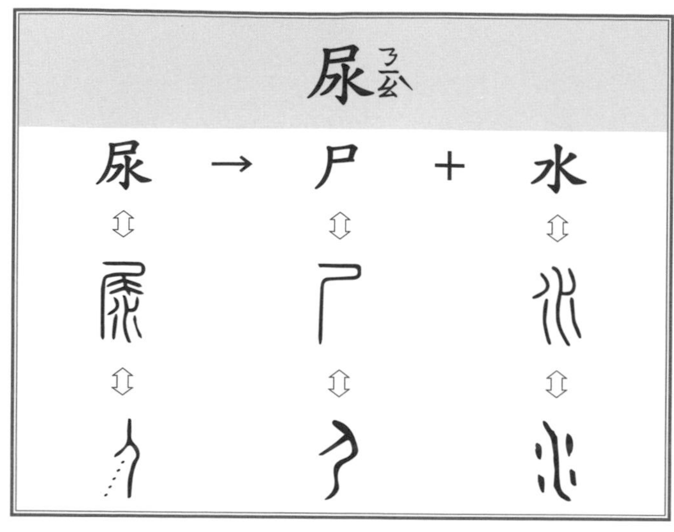

人體（ ）喝下很多水（ ）之後，會很想上廁所尿尿（ ）。

1. 說說看，「 」這個符號代表什麼意思？並用楷書寫出來。

2. 用楷書寫出代表「 」這個符號的部件，並說說它代表的意思。

3. 請造與「尿」有關的詞語。

4. 說說看「尿」的故事，並把它畫下來和寫下來。

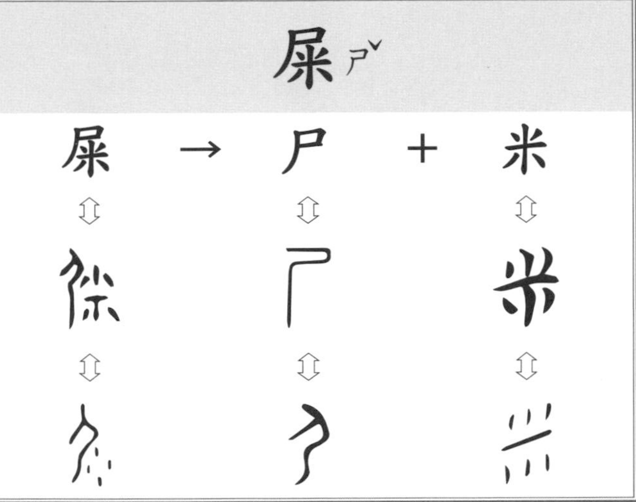

人在吃完米飯消化吸收後的殘餘，會變成屎（　），當喝水不足時，辛苦的曲身彎體（　）蹲很久才能拉出來一些米粒狀（　）的屎（　）便。

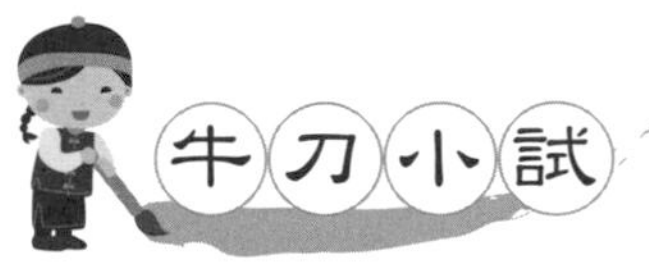

1. 說說看，「　」這個符號代表什麼意思？並用楷書寫出來。

2. 用楷書寫出代表「　」這個符號的部件，並說說它代表的意思。

3. 請造與「屎」有關的詞語。

4. 說說看「屎」的故事，並把它畫下來和寫下來。

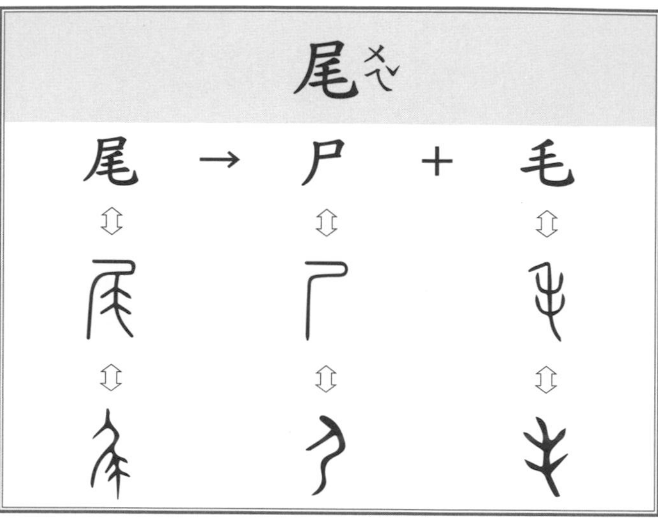

聽說早期的人和猿及猴子長得很相似，都有像人一樣的身體（ ），也都有尾巴，但現在只有猴子還保留尾（ ）巴。猴子屁股尾端那個長條狀而且長了很多毛（ ）的，就是尾巴了。

1. 說說看，「 」這個符號代表什麼意思？並用楷書寫出來。

2. 用楷書寫出代表「 」這個符號的部件，並說說它代表的意思。

3. 請造與「尾」有關的詞語。

4. 說說看「尾」的故事，並把它畫下來和寫下來。

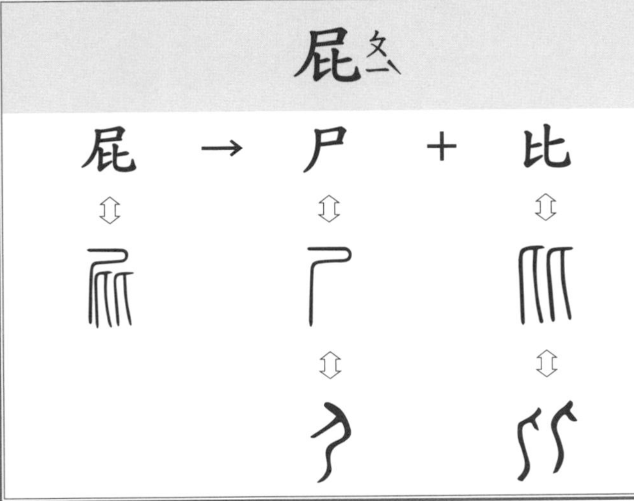

前面的人彎曲身體（ ）蹲著，對後面的人而言，可以看見前面的人身體下面，有兩塊相鄰並列（ ）的肉塊，那就是他的「屁股」。

1. 說說看，「 」這個符號代表什麼意思？並用楷書寫出來。

2. 用楷書寫出代表「 」這個符號的部件，並說說它代表的意思。

3. 請造與「屁」有關的詞語。

4. 說說看「屁」的故事，並把它畫下來和寫下來。

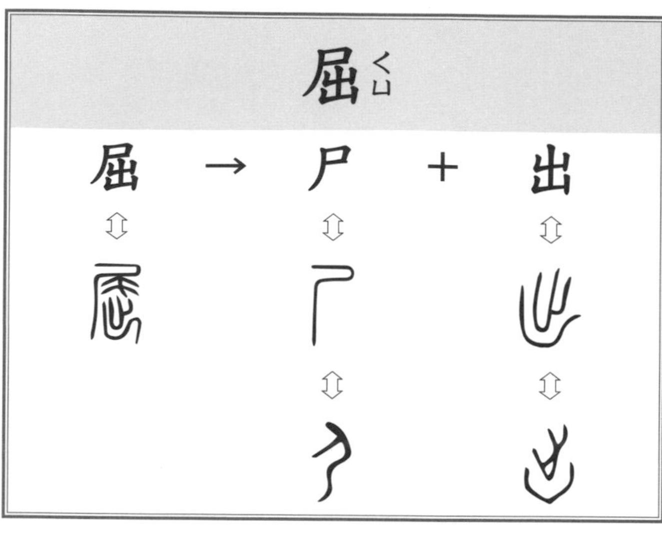

古代人住在地穴（凵）式建築物裡，必須屈（𡱈）著身子（𠃜）才能走出（𡴘）地穴屋，對現代人而言，古代地穴屋的生活形態是十分不方便的。

1 說說看，「𡴘」這個符號代表什麼意思？並用楷書寫出來。

2 用楷書寫出代表「𠃜」這個符號的部件，並說說它代表的意思。

3 請造與「屈」有關的詞語。

4 說說看「屈」的故事，並把它畫下來和寫下來。

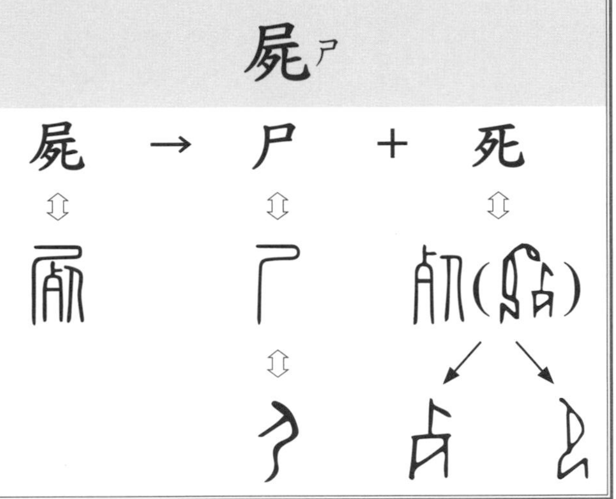

屍（ ）體就是死（ ）掉的人的身體（ ），日子久了，當人（ ）面對一堆殘骨（ ）之後，才會驚覺親人真的死（ ）亡了。

1. 說說看，「 」這個符號代表什麼意思？並用楷書寫出來。

2. 用楷書寫出代表「 」這個符號的部件，並說說它代表的意思。

3. 請造與「屍」有關的詞語。

4. 說說看「屍」的故事，並把它畫下來和寫下來。

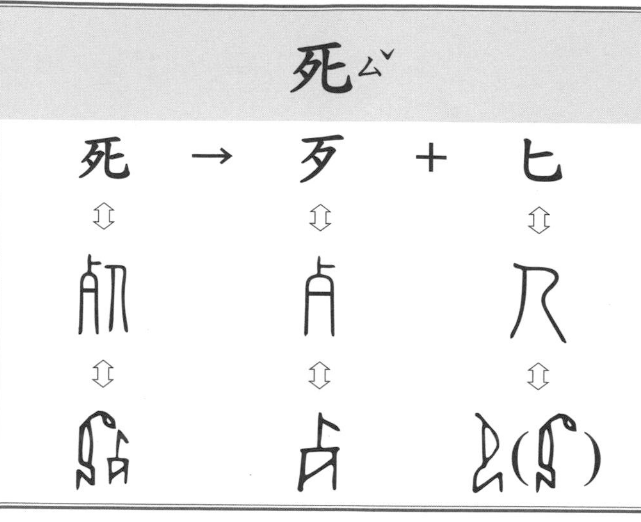

親人死（）亡的事實，很多人一時是無法接受的，要等過了一段時日，當人（）面對墳墓裡的一堆殘骨（）之後，才會驚覺親人真的死（）亡了。

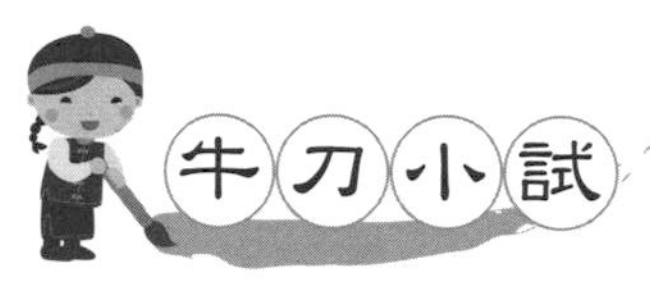

1. 說說看，「」這個符號代表什麼意思？並用楷書寫出來。

2. 用楷書寫出代表「」這個符號的部件，並說說它代表的意思。

3. 請造與「死」有關的詞語。

4. 說說看「死」的故事，並把它畫下來和寫下來。

二
儿

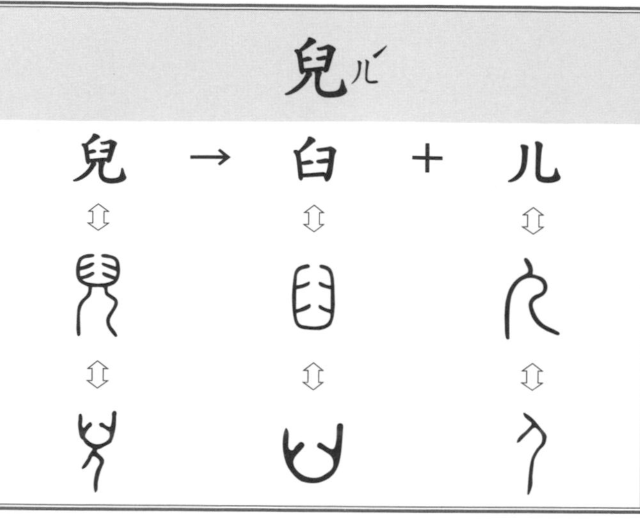

剛出生的嬰兒（），四肢和身體與成人（）長得很像，差別在嬰兒的頭蓋骨（）開開的，還沒有密合。

1. 說說看，「」這個符號代表什麼意思？並用楷書寫出來。

2. 說說看，「」這個符號代表什麼意思？並用楷書寫出來。

3. 請造與「兒」有關的詞語。

4. 說說看「兒」的故事，並把它畫下來和寫下來。

光 ㄍㄨㄤ

光 → 𭕄 + 儿

在很暗的地方什麼都看不到，有個聰明的人（ ）舉了一個火把（ ）在自己的頭上，原本暗的地方就變得非常光（ ）亮，旁邊的東西也可以看得清清楚楚了。

1. 說說看，「 」這個符號代表什麼意思？並用楷書寫出來。

2. 說說看，「 」這個符號代表什麼意思？並用楷書寫出來。

3. 請造與「光」有關的詞語。

4. 說說看「光」的故事，並把它畫下來和寫下來。

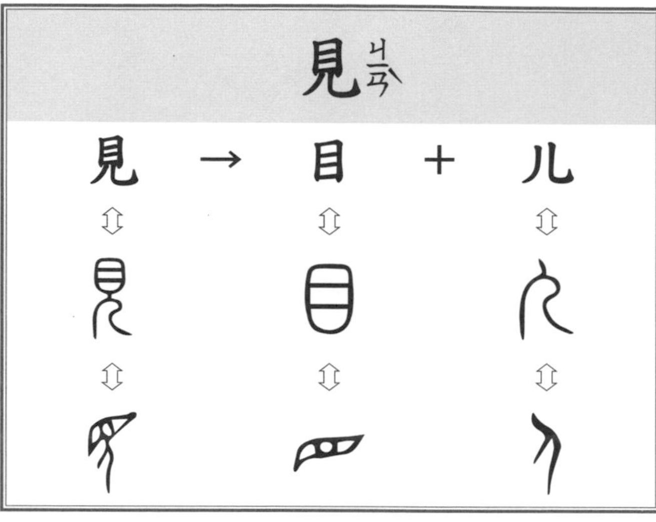

我們人（儿）類要見（見）到東西，一定得靠人體頭部的眼睛（目）幫忙才能看得見。

1. 說說看，「目」這個符號代表什麼意思？並用楷書寫出來。

2. 用楷書寫出代表「見」這個符號的部件，並說說它代表的意思。

3. 請造與「見」有關的詞語。

4. 說說看「見」的故事，並把它畫下來和寫下來。

元ㄩㄢˊ

元 → 一 + 兀

國家的元（𠀀）首肩負重任，需要帶領著全體人民一起前進，這個位置就跟人的頭（𠀀）在身體上的功能一樣，所以也被稱作「頭頭」。

1. 說說看，「𠀀」這個符號代表什麼意思？並用楷書寫出來。

2. 說說看，「𠀀」這個符號代表什麼意思？並用楷書寫出來。

3. 請造與「元」有關的詞語。

4. 說說看「元」的故事，並把它畫下來和寫下來。

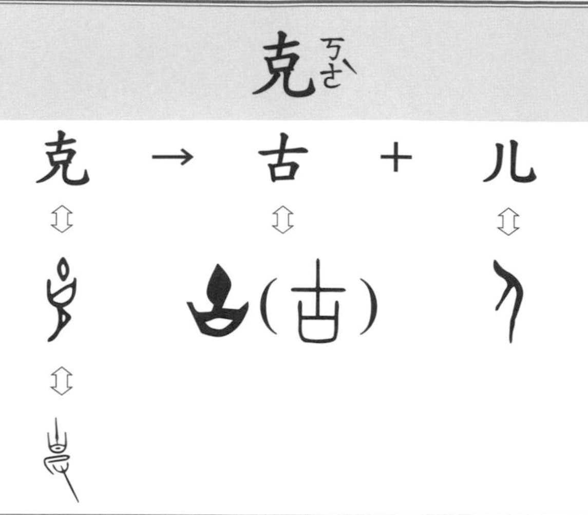

士兵在打仗時，每個人（ ）都手持著武器、頭戴頭盔（ ）、穿好盔甲做好萬全防護，準備在打仗時能夠克（ ）服眼前的關卡，贏得勝利。

1. 說說看，「 」這個符號代表什麼意思？並用楷書寫出來。

2. 用楷書寫出代表「 」這個符號的部件，並說說它代表的意思。

3. 請造與「克」有關的詞語。

4. 說說看「克」的故事，並把它畫下來和寫下來。

競 ㄐㄧㄥˋ

競 → 竞 ＋ 竞

古代的人常常在武力上與別人競爭，每個勇士（）頭上都帶著刑刀（），兩個人肩並著肩，誰也不讓誰，真是個辛苦又激烈的競（）爭啊！

1. 說說看，「」這個符號代表什麼意思？並用楷書寫出來。

2. 用楷書寫出代表「」這個符號的部件，並說說它代表的意思。

3. 請造與「競」有關的詞語。

4. 說說看「競」的故事，並把它畫下來和寫下來。

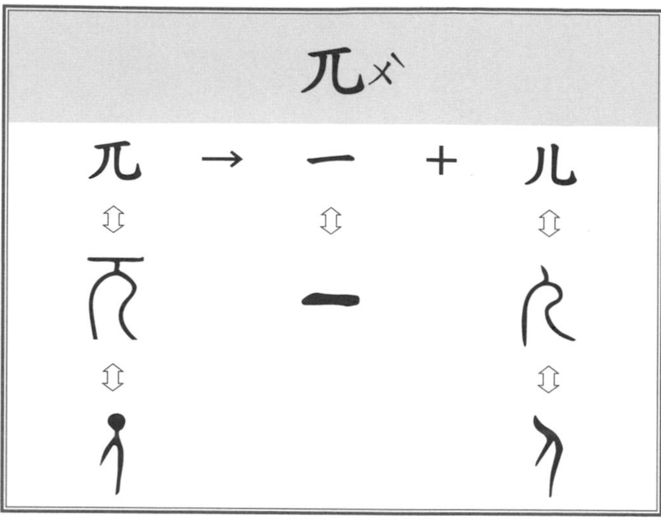

一個人（儿）把頭頂（一）的頭髮削得平平的，變得很突兀（兀）。

1. 說說看，「儿」這個符號代表什麼意思？

2. 用楷書寫出代表「兀」這個符號的部件。

3. 請造與「兀」有關的詞語。

4. 說說看「兀」的故事，並把它畫下來和寫下來。

堯 ㄧㄠˊ				
堯	→	垚	+	兀

堯（ ）帝是古代賢能的君主。他的德行高遠，不是一般人能達成的，他常常一個人（ ）站在很多土堆疊的高處（ ），向人民說明做人做事的道理。

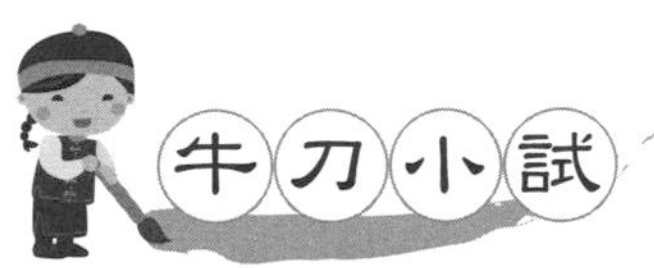

1. 說說看，「 」這個符號代表什麼意思？並用楷書寫出來。

2. 用楷書寫出代表「 」這個符號的部件，並說說它代表的意思。

3. 請造與「堯」有關的詞語。

4. 說說看「堯」的故事，並把它畫下來和寫下來。

繞ㄖㄠˋ

繞 → 糹 + 堯

堯 → 垚 + 兀

古時紡織總是先得整理絲線（糸），常常將絲線繞（繞）得比人的頭部還要高，就像頭上放置了土堆一樣高（堯）。

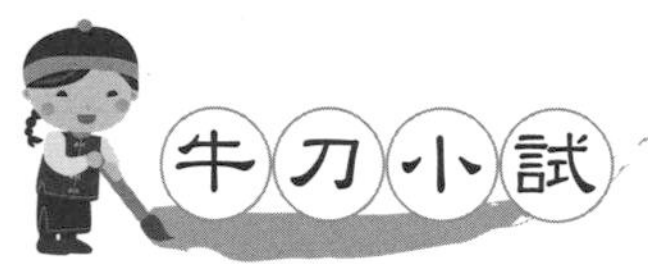

1. 說說看，「堯」這個符號代表什麼意思？並用楷書寫出來。

2. 說說看，「糸」這個符號代表什麼意思？並用楷書寫出來。

3. 請造與「繞」有關的詞語。

4. 說說看「繞」的故事，並把它畫下來和寫下來。

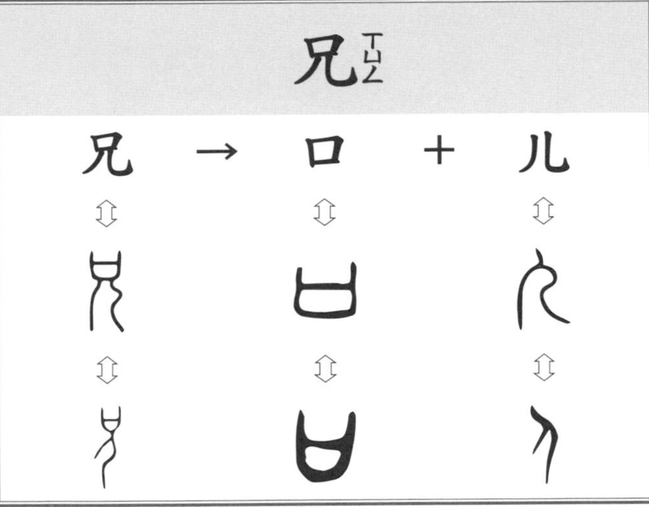

古時候最注重祭祀的禮節了，拜拜時一定要有人（儿）張開嘴巴來禱告，感謝神明的保佑和祝福。念祭文時大多由兄（兄）長開口（口）禱告，祈禱神明保佑子孫平安。

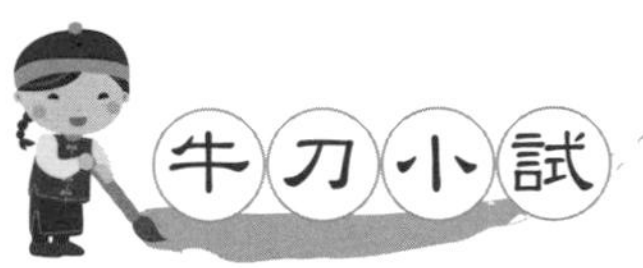

1. 說說看，「口」這個符號代表什麼意思？

2. 用楷書寫出代表「兄」這個符號的部件。

3. 請造與「兄」有關的詞語。

4. 說說看「兄」的故事，並把它畫下來和寫下來。

祝 ㄓㄨˋ

祝 → 礻 + 兄

祭祀（示）時由兄（兄）長開口說禱告詞，為家人帶來更多的祝（祝）福。

1. 說說看，「示」這個符號代表什麼意思？並用楷書寫出來。

2. 用楷書寫出代表「𠀎」這個符號的部件，並說說它代表的意思。

3. 請造與「祝」有關的詞語。

4. 說說看「祝」的故事，並把它畫下來和寫下來。

欠

欠 ㄑㄧㄢˋ

⇕

⇕

一個人跪坐（ ）太久實在疲倦，精神不足時打呵欠（ ），一定會把嘴巴張得大大的（ ），然後向外吹氣（ ）。

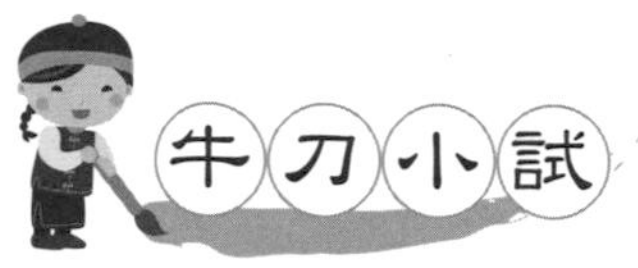

1. 說說看，「 」這個符號代表什麼意思？並用楷書寫出來。

2. 說說看，「 」這個符號代表什麼意思？並用楷書寫出來。

3. 請造與「欠」有關的詞語。

4. 說說看「欠」的故事，並把它畫下來和寫下來。

吹 ㄔㄨㄟ

吹 → 口 ＋ 欠

⇕ ⇕ ⇕

⇕ ⇕ ⇕

古人吹（）奏樂器，必先定位跪坐（）著，然後再張口（）吐出平順的氣（），如此便能吹出動人的曲音。

1. 說說看，「」這個符號代表什麼意思？並用楷書寫出來。

2. 說說看，「」這個符號代表什麼意思？並用楷書寫出來。

3. 請造與「吹」有關的詞語。

4. 說說看「吹」的故事，並把它畫下來和寫下來。

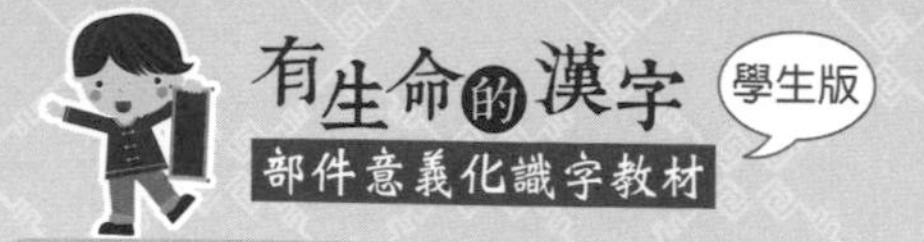

次ㄘˋ				
次	→	二	+	欠
⇳		⇳		⇳
𣄧		二		欠
⇳				⇳
次				欠

打呵欠或打噴嚏時要摀住嘴巴，不然張開大嘴盡情的打呵欠（欠）或打噴嚏，甚至還噴出口水（二），實在不甚雅觀，是次（次）級的樣子。

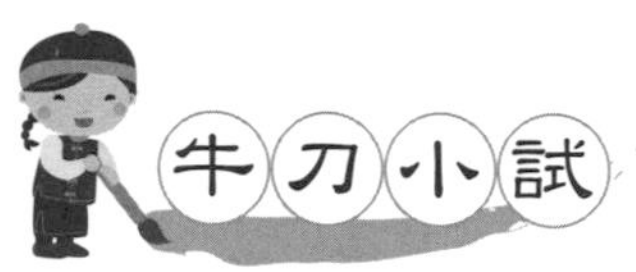

1 說說看，「次」這個符號代表什麼意思？並用楷書寫出來。

2 說說看，「欠」這個符號代表什麼意思？並用楷書寫出來。

3 請造與「次」有關的詞語。

4 說說看「次」的故事，並把它畫下來和寫下來。

次 ㄒㄧㄢˊ		
次 →	氵 +	欠

小朋友看到喜歡吃的食物時，常常嘴巴張得大大的（ ），不知不覺的，口水（ ）也慢慢流了下來。

1. 說說看，「 」這個符號代表什麼意思？並用楷書寫出來。

2. 說說看，「 」這個符號代表什麼意思？並用楷書寫出來。

3. 請寫出含「次」部件的字詞。

4. 說說看「次」的故事，並把它畫下來和寫下來。

羨 ㄒㄧㄢˋ

羨 → 𦍌 + 次

⇕ ⇕ ⇕

（小篆）（小篆）（小篆）

⇕ ⇕

（甲骨文）（甲骨文）

古時候的人不容易吃到肉類食物，尤其是羊肉，當看到別人吃鮮美的羊（羊）肉，心裡也想吃，就張開嘴巴流出口水（㳄）來了，真的非常羨（羨）慕呀！

1. 說說看，「羊」這個符號代表什麼意思？並用楷書寫出來。

2. 說說看，「㳄」這個符號代表什麼意思？並用楷書寫出來。

3. 請造與「羨」有關的詞語。

4. 說說看「羨」的故事，並把它畫下來和寫下來。

盜 ㄉㄠˋ

盜	→	皿	+	次
⇳		⇳		⇳
[小篆]		[小篆]		[小篆]
⇳		⇳		⇳
[古文字]		[古文字]		[古文字]

高級器皿不是人人都有，盜匪看到別人擁有高級的器皿（皿），就張口（欠）流口水（氵）起了貪念想占為己有，於是將它偷盜（盜）了過來。

1. 說說看，「皿」這個符號代表什麼意思？並用楷書寫出來。

2. 說說看，「次」這個符號代表什麼意思？並用楷書寫出來。

3. 請造與「盜」有關的詞語。

4. 說說看「盜」的故事，並把它畫下來和寫下來。

四
食

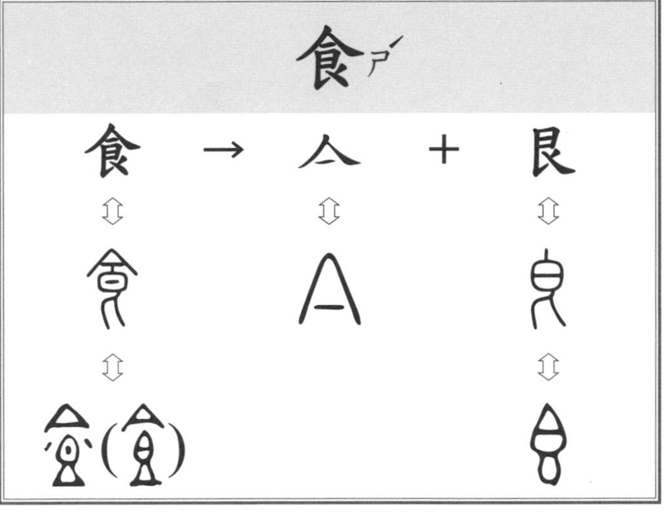

古人的主食（ ）為米飯，多將飯放在加蓋（ ）的飯桶（ ）內食用。

1. 說說看，「 」這個符號代表什麼意思？並用楷書寫出來。

2. 用楷書寫出代表「 」這個符號的部件，並說說它代表的意思。

3. 請造與「食」有關的詞語。

4. 說說看「食」的故事，並把它畫下來和寫下來。

飲ㄧㄣˇ

飲 → (𩚃)食 + 欠

⇕ ⇕ ⇕

飲（ ）酒就是要手（ ）拿著酒罈（ ），張大了嘴（ ）大口大口的喝下去，後來因為開口式的酒罈不衛生，改用有蓋食器（ ）來替代。

1. 說說看，「 」這個符號代表什麼意思？並用楷書寫出來。

2. 說說看，「 」這個符號代表什麼意思？並用楷書寫出來。

3. 請造與「飲」有關的詞語。

4. 說說看「飲」的故事，並把它畫下來和寫下來。

即ㄐㄧˊ

即	→	皀	+	卩
⇳		⇳		⇳
[seal script form]		[seal script form]		[seal script form]
⇳		⇳		⇳
[oracle bone form]		[oracle bone form]		[oracle bone form]

一個跪坐的人（[glyph]），面向左邊裝滿白米飯的飯鍋（[glyph]），即（[glyph]）將要吃飯了。

1. 說說看，「[glyph]」這個符號代表什麼意思？並用楷書寫出來。

2. 說說看，「[glyph]」這個符號代表什麼意思？並用楷書寫出來。

3. 請造與「即」有關的詞語。

4. 說說看「即」的故事，並把它畫下來和寫下來。

既ㄐㄧˋ

既	→	皀	+	旡
⇕		⇕		⇕
篆文		篆文		篆文
⇕		⇕		⇕
甲骨文		甲骨文		甲骨文

既（甲骨文）然那個跪坐的人（甲骨文）都開始打飽嗝，而且也背對著飯鍋（甲骨文）了，那就表示他已經吃飽囉！

1. 說說看，「甲骨文」這個符號代表什麼意思？並用楷書寫出來。

2. 說說看，「甲骨文」這個符號代表什麼意思？並用楷書寫出來。

3. 請造與「既」有關的詞語。

4. 說說看「既」的故事，並把它畫下來和寫下來。

五
又

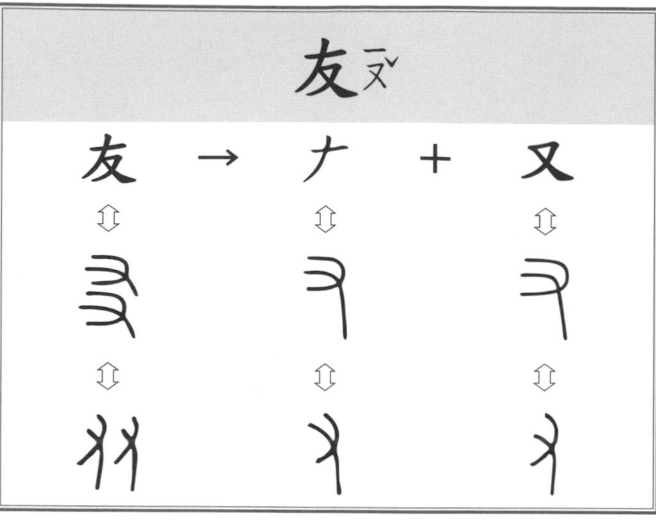

交朋友時，一見面都會禮貌性的伸出自己的右手（ ）跟對方握手（ ），表達友（ ）好之意。

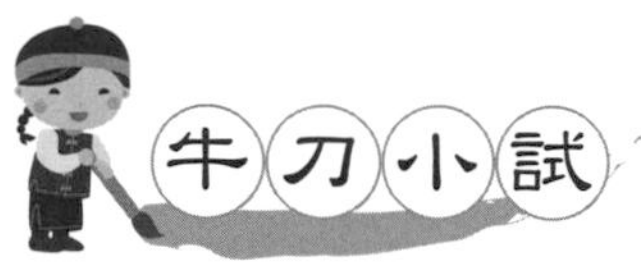

1. 說說看，「 」這個符號代表什麼意思？並用楷書寫出來。

2. 說說看，「 」這個符號代表什麼意思？並用楷書寫出來。

3. 請造與「友」有關的詞語。

4. 說說看「友」的故事，並把它畫下來和寫下來。

投ㄊㄡˊ

投 → 扌 + 殳

哥哥最喜歡的運動是打籃球，放假時都會手（ ）拿著籃球（ ）練習投（ ）籃。

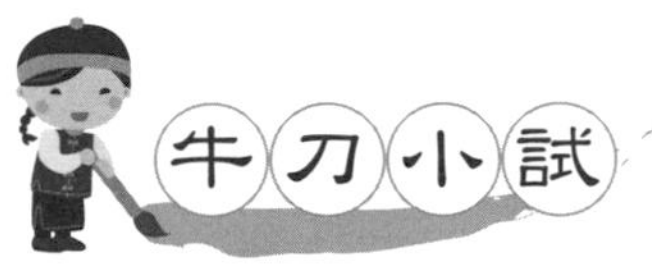

1. 說說看，「 」這個符號代表什麼意思？並用楷書寫出來。

2. 用楷書寫出代表「 」這個符號的部件，並說說它代表的意思。

3. 請造與「投」有關的詞語。

4. 說說看「投」的故事，並把它畫下來和寫下來。

牧ㄇㄨˋ

牧 → 牛 ＋ 攵

⇕ ⇕ ⇕

我們在古畫中常常看到牧（𤘘）童右手拿著木枝（攴）在牧（𤘘）放牛（牛）隻。

1. 說說看，「攴」這個符號代表什麼意思？並用楷書寫出來。

2. 用楷書寫出代表「牛」這個符號的部件，並說說它代表的意思。

3. 請造與「牧」有關的詞語。

4. 說說看「牧」的故事，並把它畫下來和寫下來。

抓 ㄓㄨㄚ

抓 → 扌 + 爪

⇕ ⇕ ⇕

抓 手 爪

當人類的手要抓（抓）取物品時，也會像鳥禽類的爪（爪）一樣，手（手）心向下，由上往下拿取。

1. 說說看，「手」這個符號代表什麼意思？並用楷書寫出來。

2. 用楷書寫出代表「爪」這個符號的部件，並說說它代表的意思。

3. 請造與「抓」有關的詞語。

4. 說說看「抓」的故事，並把它畫下來和寫下來。

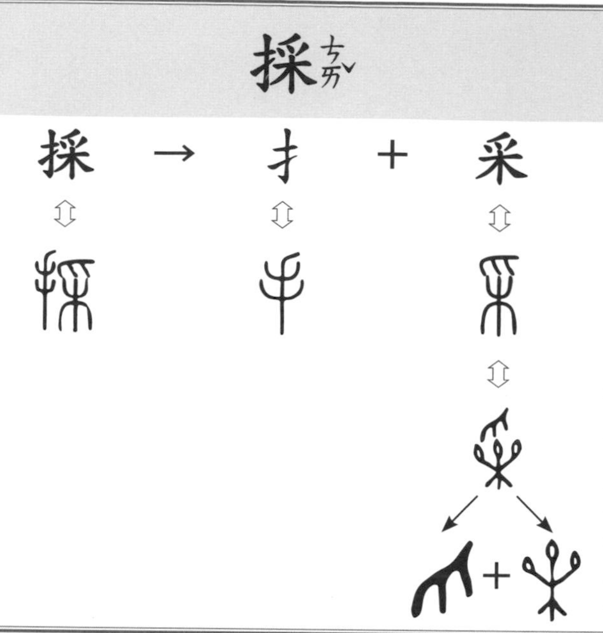

採（𢬵）水果就是要動手（扌）採，而且手指（爫）向下在長滿果子的果樹（木）抓取果蒂並扭轉，這樣才能採果成功。

1. 說說看，「𤇾」這個符號代表什麼意思？並用楷書寫出來。

2. 用楷書寫出代表「采」這個符號的部件，並說說它代表的意思。

3. 請造與「採」有關的詞語。

4. 說說看「採」的故事，並把它畫下來和寫下來。

援 ㄩㄢˊ

援	→	扌	+	爰
⇕		⇕		⇕
𢯱		手		爰
		⇕		⇕
		手		爰

如果有人溺水，最好的救援（援）方式是：上面的人手（爫）握竹竿（于），下面的人也要手（又）握住竹竿，這樣才能得到救援。

1. 說說看，「于」這個符號代表什麼意思？並用楷書寫出來。

2. 用楷書寫出代表「爰」這個符號的部件，並說說它代表的意思。

3. 請造與「援」有關的詞語。

4. 說說看「援」的故事，並把它畫下來和寫下來。

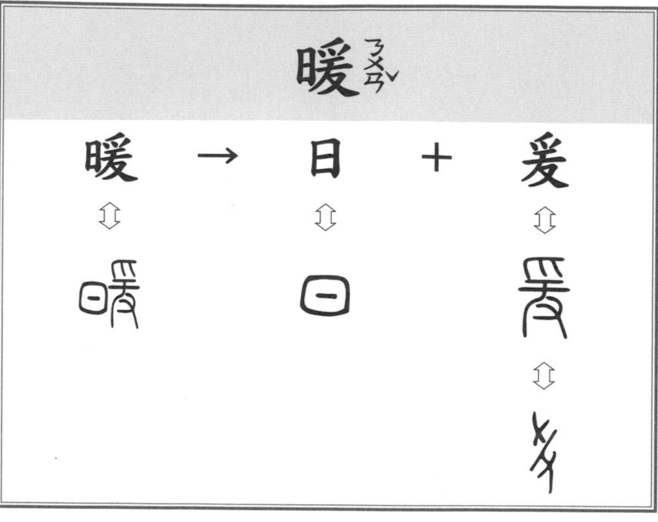

在寒冷的冬季裡，有了太陽（日）的援助（爰），氣溫就暖（暖）和多了。

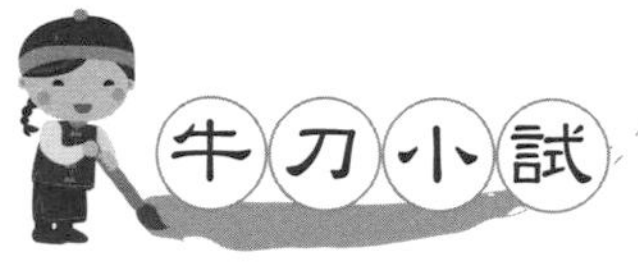

1. 說說看，「爰」這個符號代表什麼意思？並用楷書寫出來。

2. 用楷書寫出代表「日」這個符號的部件，並說說它代表的意思。

3. 請造與「暖」有關的詞語。

4. 說說看「暖」的故事，並把它畫下來和寫下來。

授ㄕㄡˋ

授 → 扌 + 受

⇕ ⇕ ⇕

[小篆] [小篆] [小篆]

⇕ ⇕

[古文字] [古文字]

在授（[古文字]）獎典禮時，授予獎項的人要用手（[古文字]）拿著物品（[古文字]），而接受的人要用雙手（[古文字]）接穩物品，這樣物品才能授受平順。

1. 說說看，「[古文字]」這個符號代表什麼意思。

2. 用楷書寫出代表「[古文字]」這個符號的部件，並說說它代表的意思。

3. 請造與「授」有關的詞語。

4. 說說看「授」的故事，並把它畫下來和寫下來。

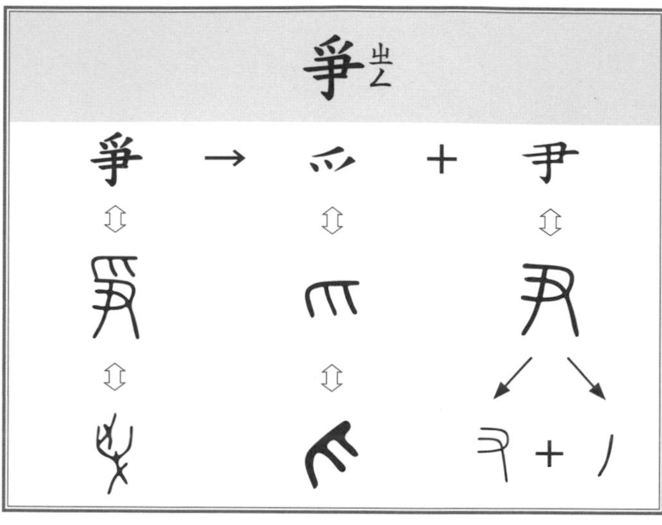

上面一隻手（爫）、下面一隻手（又），同時都想要拿這個物品（丿），這樣很容易起爭（爭）執的。

1. 說說看，「爫」這個符號代表什麼意思？並用楷書寫出來。

2. 說說看，「尹」這個符號代表什麼意思？並用楷書寫出來。

3. 請造與「爭」有關的詞語。

4. 說說看「爭」的故事，並把它畫下來和寫下來。

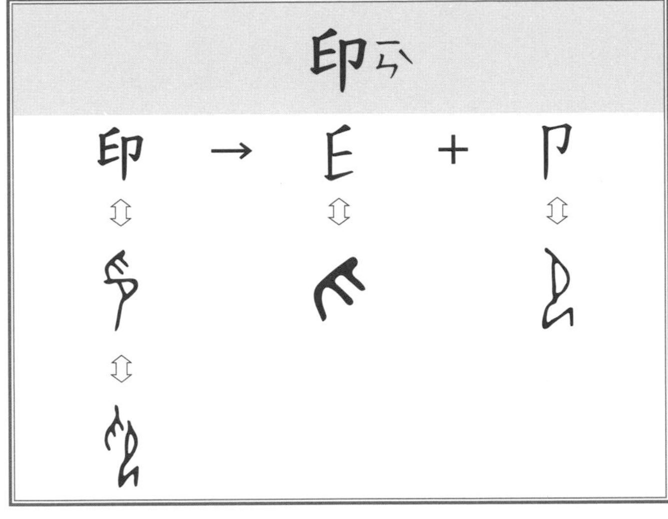

蓋印（ ）章時，一定要用手（ ）拿印章用力的由上往下按壓，就像玩遊戲時按壓人的頭（ ）一樣，使人高度往下降。

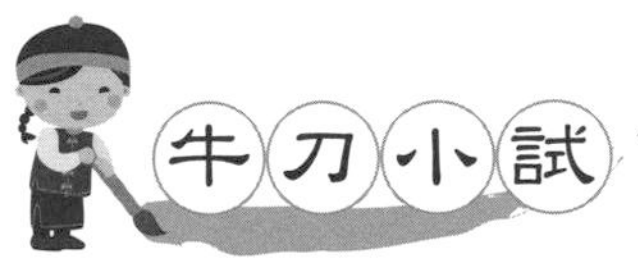

1 說說看，「⺕」這個符號代表什麼意思？

2 說說看，「卩」這個符號代表什麼意思？

3 請造與「印」有關的詞語。

4 說說看「印」的故事，並把它畫下來和寫下來。

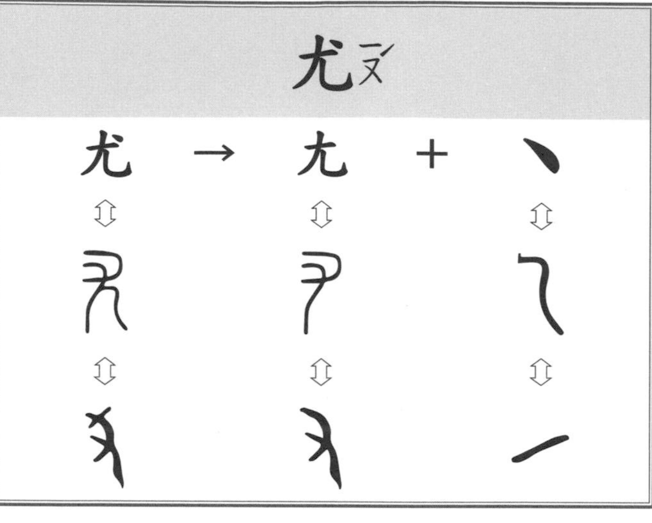

我的手受傷了！尤（）其是有一隻手指頭（）上被劃了一刀（），那是特別痛的。

1. 說說看，「」這個符號代表什麼意思？並用楷書寫出來。

2. 說說看，「」這個符號代表什麼意思？並用楷書寫出來。

3. 請造與「尤」有關的詞語。

4. 說說看「尤」的故事，並把它畫下來和寫下來。

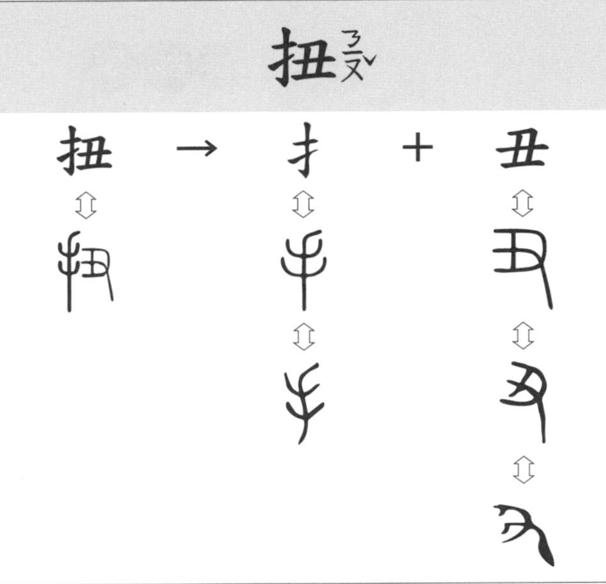

當小孩打架時，會用雙手（[古文字]）將對方抓住並互相扭（[古文字]）打，他們認為有指甲的爪狀手（[古文字]）會得到優勢。

1. 說說看，「[古文字]」這個符號代表什麼意思？並用楷書寫出來。

2. 用楷書寫出代表「[古文字]」這個符號的部件，並說說它代表的意思。

3. 請造與「扭」有關的詞語。

4. 說說看「扭」的故事，並把它畫下來和寫下來。

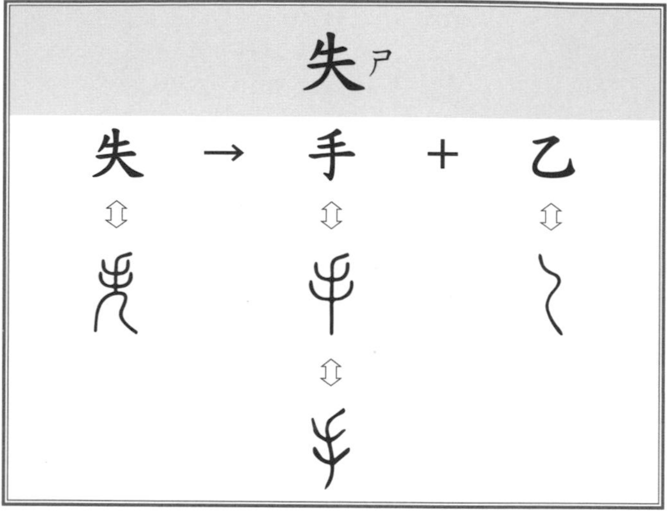

如果不小心，手中（手）握住的東西（乙）會從手掌間滑落而丟失（失）的。

1. 說說看，「手」這個符號代表什麼意思？並用楷書寫出來。

2. 說說看，「乙」這個符號代表什麼意思？

3. 請造與「失」有關的詞語。

4. 說說看「失」的故事，並把它畫下來和寫下來。

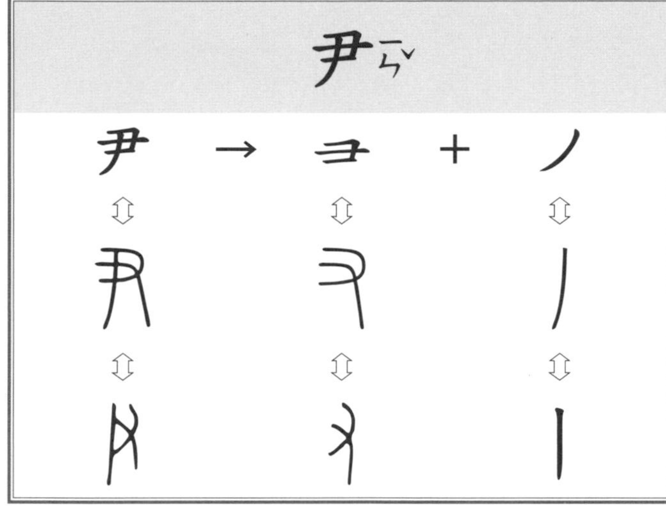

伊尹是商朝的丞相，在還沒當丞相前曾擔任「尹」（ ）這樣的小官，每天得手（ ）拿著筆（ ）記錄一些事務。

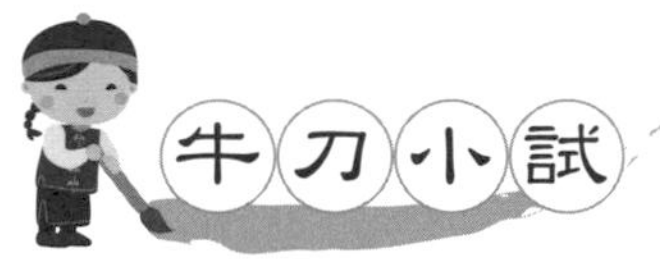

1. 說說看，「 」這個符號代表什麼意思？並用楷書寫出來。

2. 說說看，「 」這個符號代表什麼意思？並用楷書寫出來。

3. 請造與「尹」有關的詞語。

4. 說說看「尹」的故事，並把它畫下來和寫下來。

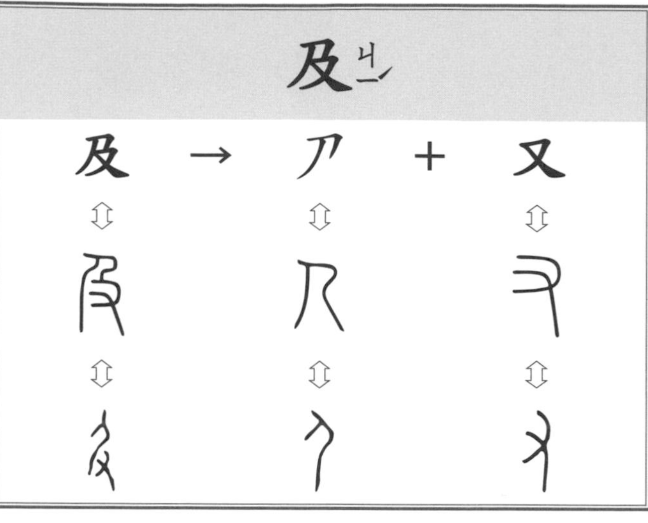

接力賽跑時前面的人會助跑，後面交棒的人要快步追上去，並將右手（彐）的棒子碰擊到前面人（人）的手，不然就會來不及（及）交接而掉棒。

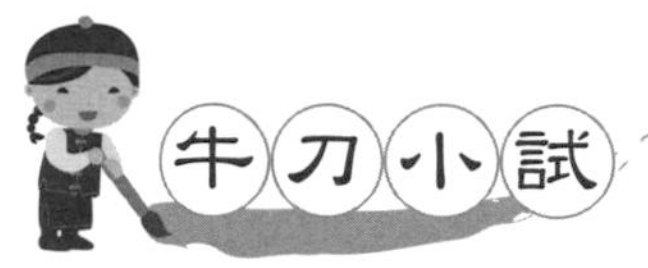

1. 說說看，「彐」這個符號代表什麼意思？並用楷書寫出來。

2. 說說看，「人」這個符號代表什麼意思？並用楷書寫出來。

3. 請造與「及」有關的詞語。

4. 說說看「及」的故事，並把它畫下來和寫下來。

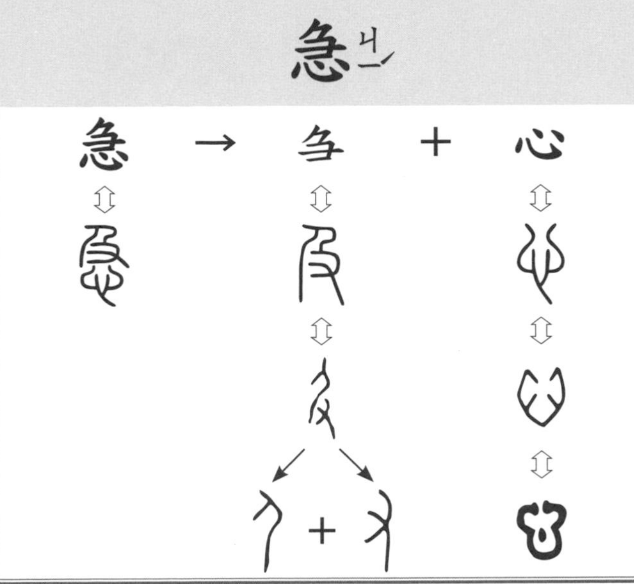

接力賽跑要交棒的人會因為來不及（ ）追上而心（ ）急（ ），想盡辦法衝刺，將手（ ）中的棒子交接給前面的人（ ），不然就會輸掉了。

1. 說說看，「 」這個符號代表什麼意思？並用楷書寫出來。

2. 說說看，「 」這個符號代表什麼意思？並用楷書寫出來。

3. 請造與「急」有關的詞語。

4. 說說看「急」的故事，並把它畫下來和寫下來。

逮ㄉㄞˇ

逮 →	辶(辵)	+	隶
⇳	⇳		⇳
(篆文)	(篆文)		(篆文)
⇳	⇳		⇳
(古文字)	(古文字)(彳)+(古文字)(止)		(古文字)+(古文字)

獵人在田野的小路上快跑（辵），右手（又）握著兔子尾巴（尾）說，我逮（逮）到一隻兔子了！

1. 說說看，「辵」這個符號代表什麼意思？並用楷書寫出來。

2. 說說看，「隶」這個符號代表什麼意思？並用楷書寫出來。

3. 請造與「逮」有關的詞語。

4. 說說看「逮」的故事，並把它畫下來和寫下來。

六
佳

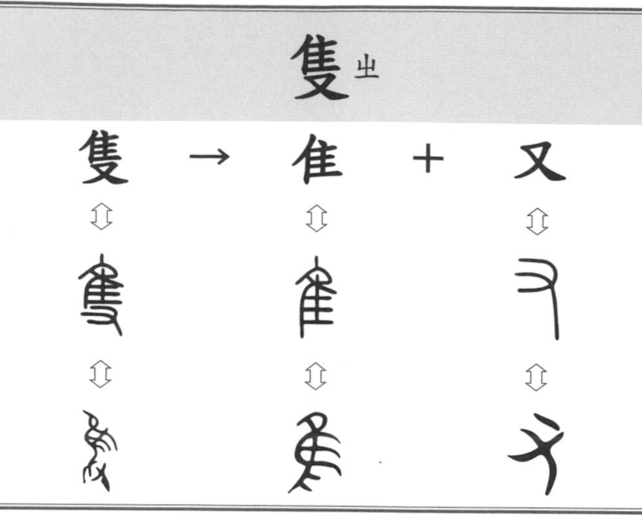

我的右手（又）抓著一隻（隻）短尾巴的大鳥（隹）。

1. 說說看，「隹」這個符號代表什麼意思？並用楷書寫出來。

2. 說說看，「又」這個符號代表什麼意思？

3. 請造與「隻」有關的詞語。

4. 說說看「隻」的故事，並把它畫下來和寫下來。

雙 ㄕㄨㄤ

雙 → 雔 ＋ 又

⇳ ⇳ ⇳

雙 雔 又

⇳

又

我的右手（又）抓著兩隻短尾鳥（雔），兩隻就可以成雙（雙）。

1. 說說看，「雔」這個符號代表什麼意思？並用楷書寫出來。

2. 說說看，「又」這個符號代表什麼意思？並用楷書寫出來。

3. 請造與「雙」有關的詞語。

4. 說說看「雙」的故事，並把它畫下來和寫下來。

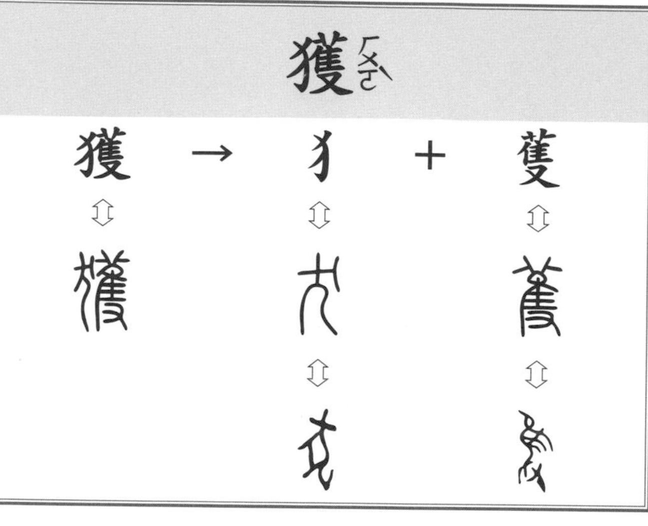

古代人狩獵、捕鳥大多會帶獵犬（犬）一起追逐獵物，有了獵犬的幫忙，打獵時就可以至少獲（獲）得一隻貓頭鷹（蒦）。

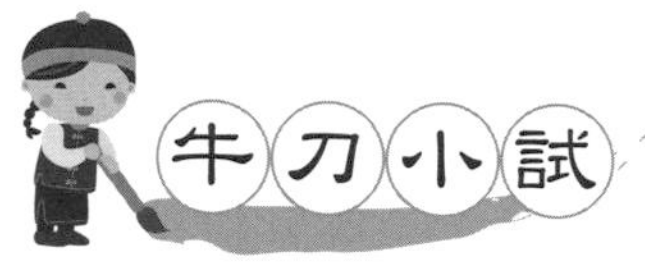

1. 說說看，「犬」這個符號代表什麼意思？並用楷書寫出來。

2. 說說看，「蒦」這個符號代表什麼意思？並用楷書寫出來。

3. 請造與「獲」有關的詞語。

4. 說說看「獲」的故事，並把它畫下來和寫下來。

穫 ㄏㄨㄛˋ

穫 → 禾 ＋ 蒦

稻禾（禾）穀物收成，以及狩獵捕捉到好多隻（隻）貓頭鷹（蒦），是古代人認為最好的收穫（穫）。

1 說說看，「禾」這個符號代表什麼意思？並用楷書寫出來。

2 說說看，「蒦」這個符號代表什麼意思？並用楷書寫出來。

3 請造與「穫」有關的詞語。

4 說說看「穫」的故事，並把它畫下來和寫下來。

七
止

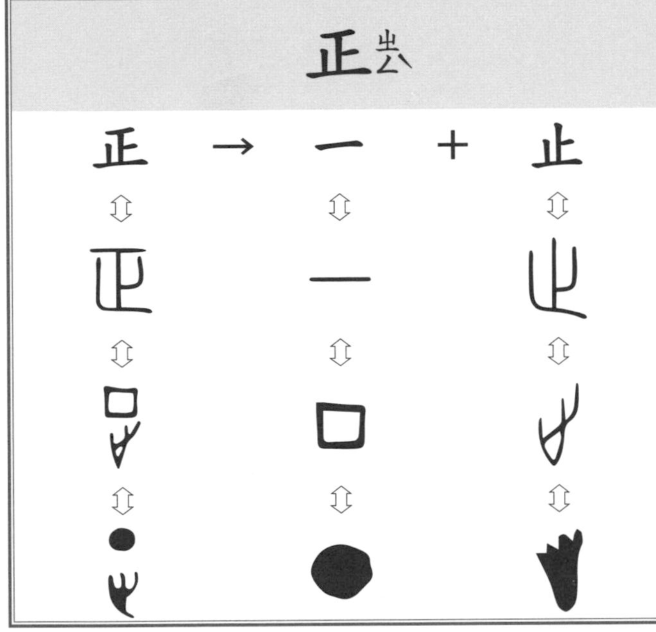

我們走路想要走得正（[古文字]），就得在腳趾（[古文字]）的正前方找一個目標物（口），只要朝著目標不偏不倚的走去，這路線就會又直又正。

1. 說說看，「[古文字]」這個符號代表什麼意思？並用楷書寫出來。

2. 用楷書寫出代表「[古文字]」這個符號的部件，並說說它代表的意思。

3. 請造與「正」有關的詞語。

4. 說說看「正」的故事，並把它畫下來和寫下來。

整 ㄓㄥˇ

整	→	東	+	攵	+	正
⇕		⇕		⇕		⇕
整（小篆）		東（小篆）		攴（小篆）		正（小篆）
⇕		⇕		⇕		⇕
整（古文字）		東（古文字）		攴（古文字）		正（古文字）

文字小故事

樵夫砍下了樹枝，一定要將東翹西翹的樹枝整理一下；先用繩索綑束（東）著樹枝，若還有不整齊的地方，就要手拿器物敲一敲、打（攴）一打，使之端正（正）、整（整）齊。

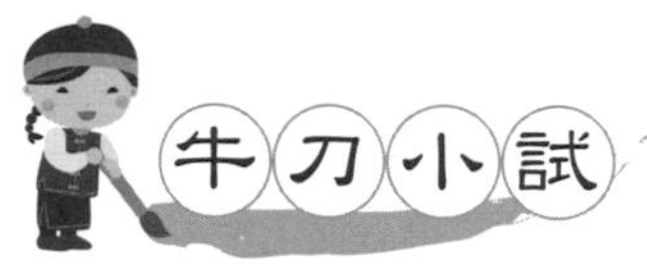

牛刀小試

1. 說說看，「東」這個符號代表什麼意思？並用楷書寫出來。

2. 說說看，「攴」這個符號代表什麼意思？並用楷書寫出來。

3. 請造與「整」有關的詞語。

4. 說說看「整」的故事，並把它畫下來和寫下來。

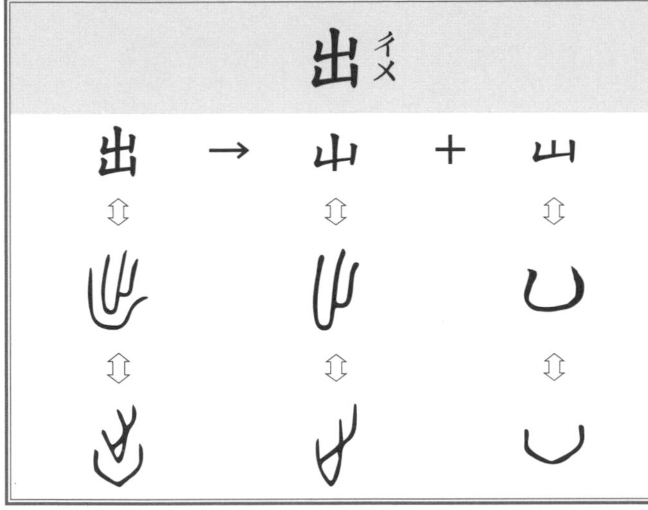

古人要離開住所時，先用他的腳（）踏出凹陷的半穴居（）外面，這樣才出（）得去。

1. 說說看，「」這個符號代表什麼意思？並用楷書寫出來。

2. 說說看，「」這個符號代表什麼意思？是「出」的哪一個部分？

3. 請造與「出」有關的詞語。

4. 說說看「出」的故事，並把它畫下來和寫下來。

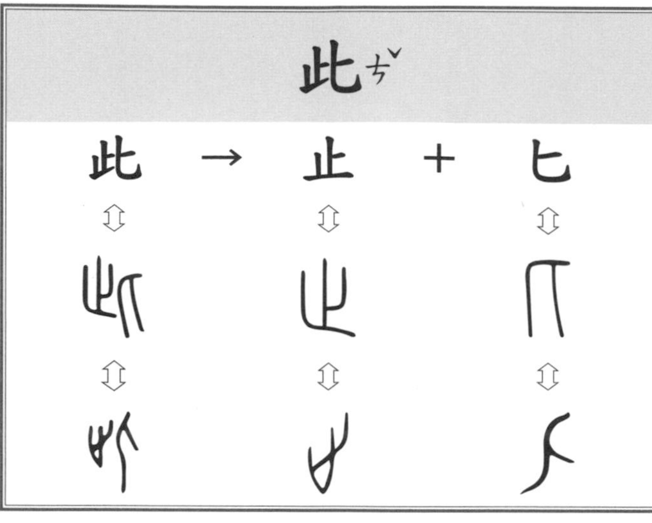

大家常說的「此（𠀤）時此地」，意思就是：我這個人（𠂉）所經歷的這個時間為「此時」，我這個人（𠂉）用腳（止）所站立的這個地方就稱作「此地」。

1. 說說看，「𠂉」這個符號代表什麼意思？並用楷書寫出來。

2. 用楷書寫出代表「止」這個符號的部件，並說說它代表的意思。

3. 請造與「此」有關的詞語。

4. 說說看「此」的故事，並把它畫下來和寫下來。

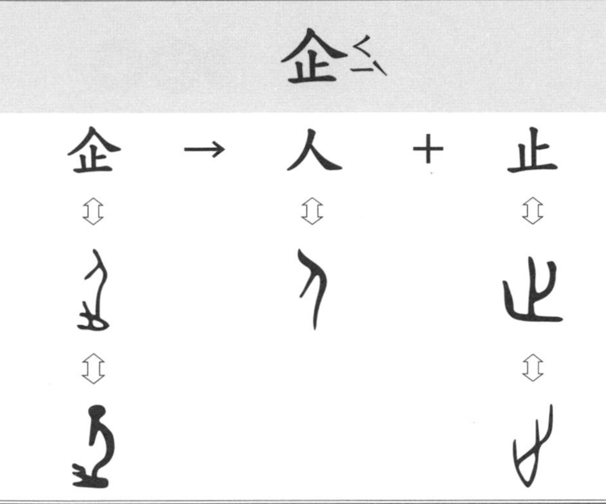

每個人（ ）在企鵝館都踮起腳跟（ ），企（ ）盼看到企鵝。

1. 說說看，「 」這個符號代表什麼意思？並用楷書寫出來。

2. 說說看，「 」這個符號代表什麼意思？並用楷書寫出來。

3. 請造與「企」有關的詞語。

4. 說說看「企」的故事，並把它畫下來和寫下來。

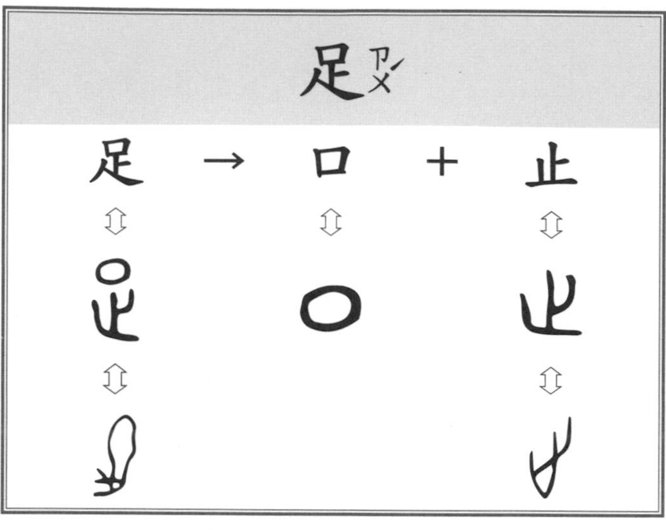

古人所說的足（）不只是指腳，它的範圍比較大，除了腳掌和腳趾（）之外，還要延伸至腳踝還有小腿肚（）的地方。

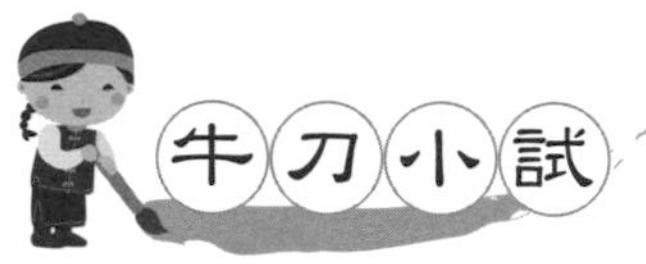

1. 說說看，「」這個符號代表什麼意思？並用楷書寫出來。

2. 用楷書寫出代表「」這個符號的部件，並說說它代表的意思。

3. 請造與「足」有關的詞語。

4. 說說看「足」的故事，並把它畫下來和寫下來。

楚 ㄔㄨˇ				
楚	→	林	+	疋
⇕		⇕		⇕
𣡽		𣏟		𤴔
⇕		⇕		⇕
𣡽		𣏟		𤴔

整隻腳（𤴔）站在叢生的楚木林（𣏟）中，容易被荊棘所刺傷，所以有說不出的痛楚（𣡽）。

1. 說說看，「𣏟」這個符號代表什麼意思？並用楷書寫出來。

2. 用楷書寫出代表「𤴔」這個符號的部件，並說說它代表的意思。

3. 請造與「楚」有關的詞語。

4. 說說看「楚」的故事，並把它畫下來和寫下來。

走 ㄗㄡˇ

走 → 土 + 止

古人沒有什麼便利的交通工具，為了趕時間，走（ ）路都要擺動他的雙手（ ）並用腳（ ）快跑，現在的人只要慢慢走就可以了，因為交通便利了嘛。

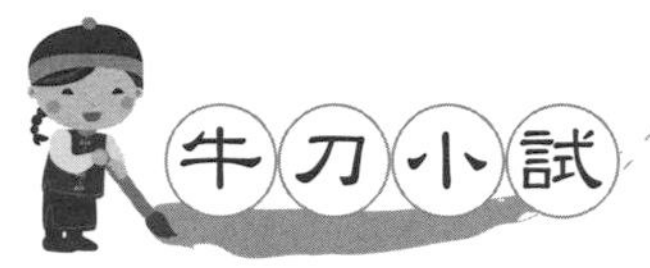

1. 說說看，「 」這個符號代表什麼意思？並用楷書寫出來。

2. 用楷書寫出代表「 」這個符號的部件，並說說它代表的意思。

3. 請造與「走」有關的詞語。

4. 說說看「走」的故事，並把它畫下來和寫下來。

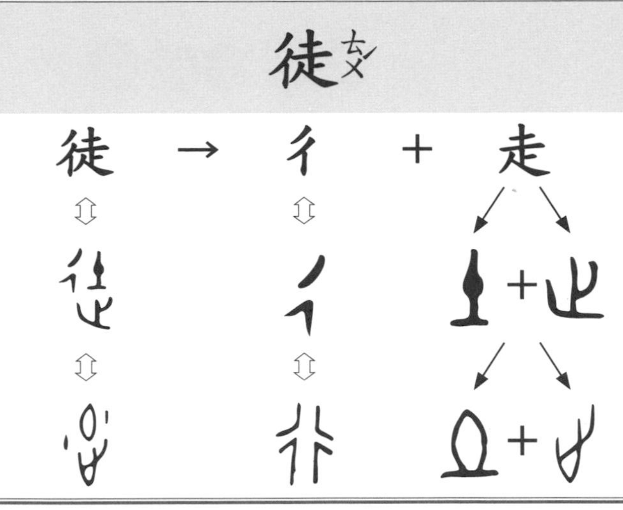

古代的交通不發達，人們要外出時大多是徒（徒）步行走，用腳（止）走在都是泥土（土）的馬路（彳）上。

1. 說說看，「彳」這個符號代表什麼意思？並用楷書寫出來。

2. 用楷書寫出代表「土」這個符號的部件，並說說它代表的意思。

3. 請造與「徒」有關的詞語。

4. 說說看「徒」的故事，並把它畫下來和寫下來。

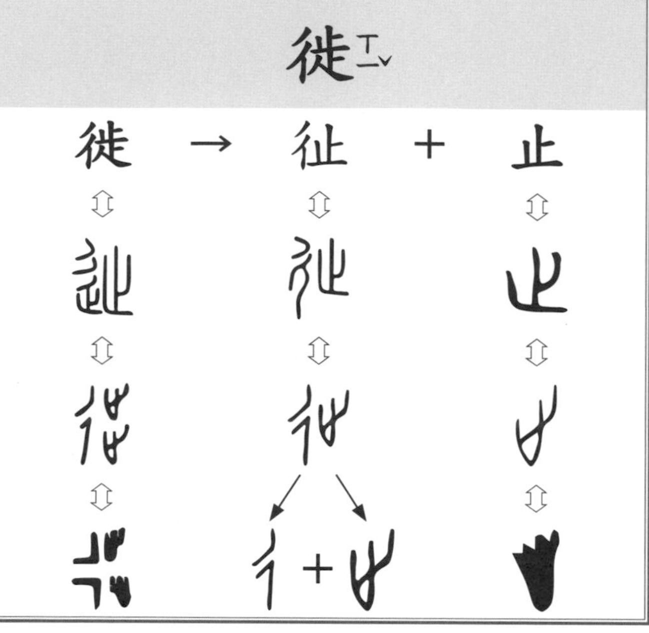

成語「徙（𢔏）木立信」的典故是希望有人扛起木頭，用腳（㞢）從馬路（𠂇）的這一端移走到另一端。所以不只腳（㞢）所在的位置不同了，連木頭也改變了地點。這是很簡單的事，可是人民都不相信。

1. 說說看，「𢔏」這個符號代表什麼意思？並用楷書寫出來。

2. 用楷書寫出代表「㞢」這個符號的部件，並說說它代表的意思。

3. 請造與「徙」有關的詞語。

4. 說說看「徙」的故事，並把它畫下來和寫下來。

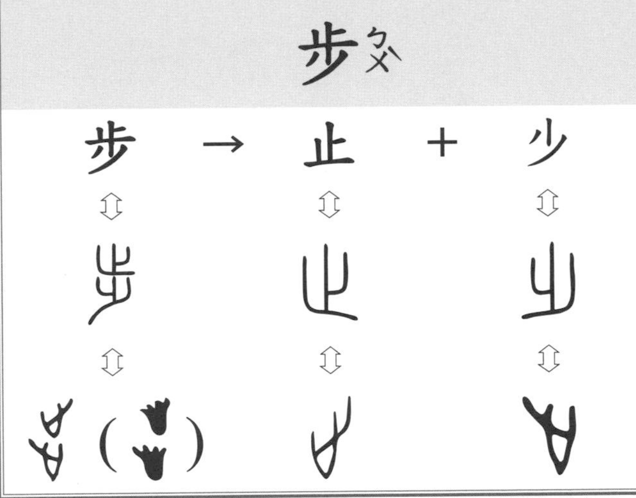

阿兵哥在行軍時，總是踏著整齊的步（　）伐，聽從班長的口令：一是左腳（　），二是右腳（　）的前進著。

1 說說看，「　」這個符號代表什麼意思？並用楷書寫出來。

2 用楷書寫出代表「　」這個符號的部件，並說說它代表的意思。

3 請造與「步」有關的詞語。

4 說說看「步」的故事，並把它畫下來和寫下來。

涉ㄕㄜˋ				
涉	→	氵	+	步
⇳		⇳		⇳
[oracle bone form]		[oracle bone form]		[oracle bone form]
⇳		⇳		⇳
[ancient form]		[ancient form]		[ancient form]

古人若想要過江河，有錢人會請人撐竹排渡江，沒錢的人沒有別的辦法，只能光著腳丫子涉（ ）水而過。他們會選擇水淺處將二腳（ 、 ）脫去鞋子，在水（ ）中步（ ）行走到水的另一頭。

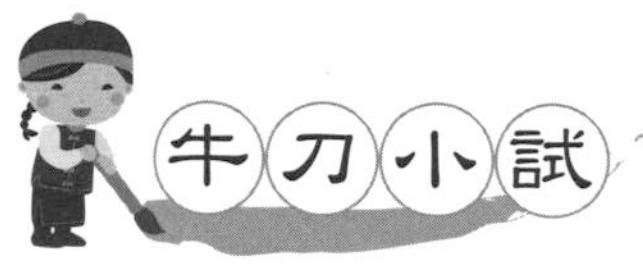

1. 說說看，「 」這個符號代表什麼意思？並用楷書寫出來。

2. 用楷書寫出代表「 」這個符號的部件，並說說它代表的意思。

3. 請造與「涉」有關的詞語。

4. 說說看「涉」的故事，並把它畫下來和寫下來。

陟ㄓˋ

陟 → 阝 + 步

雙腳由山（阝）腳下，一步步（步）往上走就是「陟（陟）山」，步步高升至山頂。

1. 說說看，「阝」這個符號代表什麼意思？並用楷書寫出來。

2. 用楷書寫出代表「步」這個符號的部件，並說說它代表的意思。

3. 請造與「陟」有關的詞語。

4. 說說看「陟」的故事，並把它畫下來和寫下來。

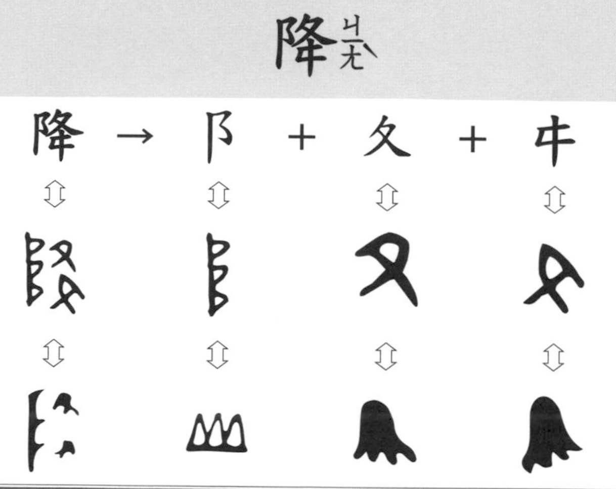

從高高的山（阝）坡上，雙腳腳趾（夂）向下，一步步往下走，腳所站立的高度也慢慢的往下降（降）。

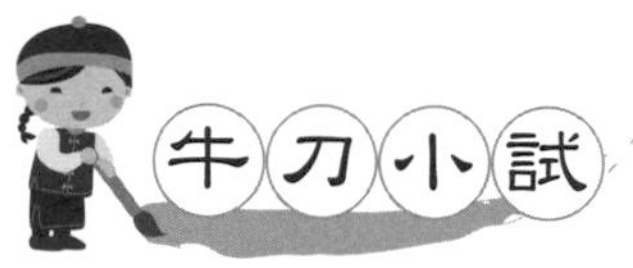

1. 說說看，「㐄」這個部件代表什麼意思？

2. 用楷書寫出代表「夂」這個符號的部件，並說說它代表的意思。

3. 請造與「降」有關的詞語。

4. 說說看「降」的故事，並把它畫下來和寫下來。

奔ㄅㄣ

奔 → 大 + 卉

我們奔（）跑得很快時會張大雙臂擺動（）著，而且地上會留下三個以上紛亂的腳印（）。

1. 說說看，「」這個符號代表什麼意思？並用楷書寫出來。

2. 用楷書寫出代表「」這個符號的部件，並說說它代表的意思。

3. 請造與「奔」有關的詞語。

4. 說說看「奔」的故事，並把它畫下來和寫下來。

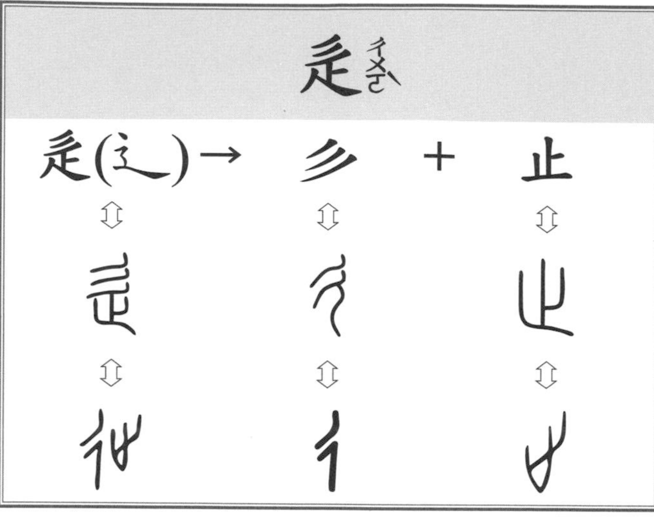

古時候沒有什麼便利的交通工具，大多用雙腳（止）走在大馬路（彳）上，如果趕路時就要走得更快了。

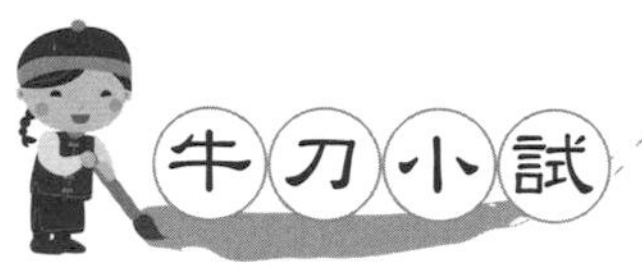

1 說說看，「彳」這個符號代表什麼意思？

2 用楷書寫出代表「止」這個符號的部件。

3 請寫出有「辶」部首的字。

4 說說看「辵（辶）」這個部首字的故事，並把它畫下來和寫下來。

從 ㄘㄨㄥˊ

從 → 彳 + 从 + 止

在十字路口的道路（彳）上，一個人跟從另一個人（从）的腳步（止）行走。

1. 說說看，「彳」這個符號代表什麼意思？

2. 說說看，「从」這個符號代表什麼意思？並用楷書寫出來。

3. 請造與「從」有關的詞語。

4. 說說看「從」的故事，並把它畫下來和寫下來。

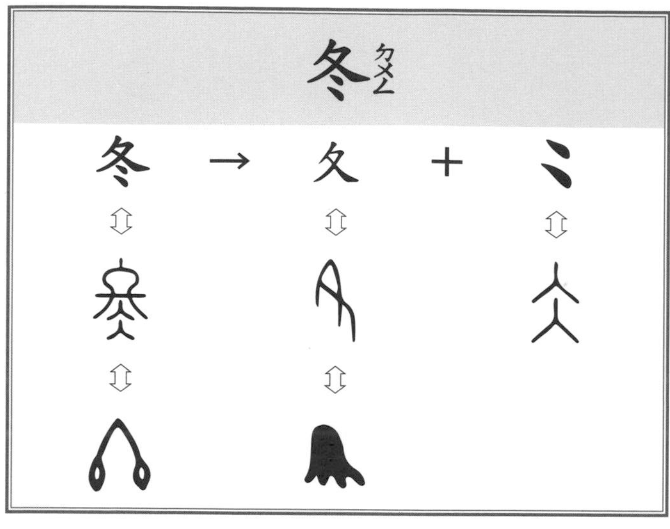

冬天到底有多冷？就像腳下（夂）放有冰塊（⺀）一樣的冷。

1 說說看，「夂」這個符號代表什麼意思？並用楷書寫出來。

2 用楷書寫出代表「⺀」這個符號的部件。

3 請造與「冬」有關的詞語。

4 說說看「冬」的故事，並把它畫下來和寫下來。

後 ㄏㄡˋ

後 → 彳 + 夋

古時候犯人的腳（ ）會被繩索（ ）綁住，之後被獄卒帶到市場的大馬路上（ ）行走遊街，犯人很快的就被其他路人趕上而遠遠的落在別人後（ ）面了。

1. 說說看，「 」這個符號代表什麼意思？並用楷書寫出來。

2. 用楷書寫出代表「 」這個符號的部件，並說說它代表的意思。

3. 請造與「後」有關的詞語。

4. 說說看「後」的故事，並把它畫下來和寫下來。

傑ㄐㄧㄝˊ

傑 → 亻 + 夕 + 牛 + 木

古人用一個人（亻）的左腳（夂）和右腳（ㄡ）踏在樹木（木）之上，表示這個人高人一等，非常傑（傑）出。

1. 用楷書寫出代表「亻」的符號部件。

2. 說說看，「ㄡ」、「夂」這兩個符號各代表什麼意思？並用楷書寫出來。

3. 請造與「傑」有關的詞語。

4. 說說看「傑」的故事，並把它畫下來和寫下來。

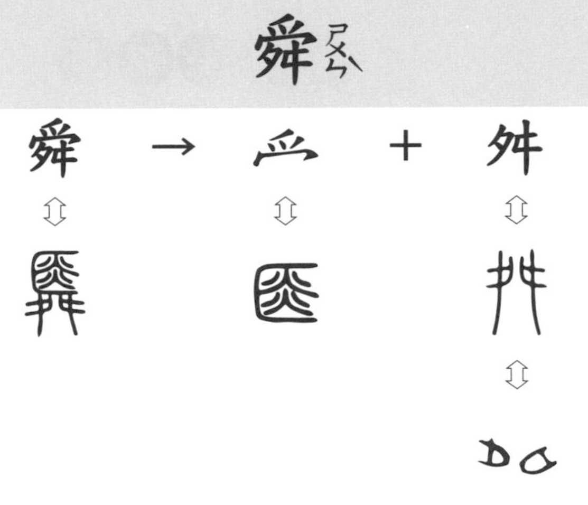

舜（䑞）用俐落的雙手和矯健的雙腳，像猴子一樣攀樹，也如土撥鼠一樣挖通道，才能逃離後母的危害。從這個故事可以知道舜是個手（𠬪）腳（舛）俐落的人。

1. 說說看，「𠬪」這個符號代表什麼意思？

2. 說說看，「舛」這個符號代表什麼意思？並用楷書寫出來。

3. 請造與「舜」有關的詞語。

4. 說說看「舜」的故事，並把它畫下來和寫下來。

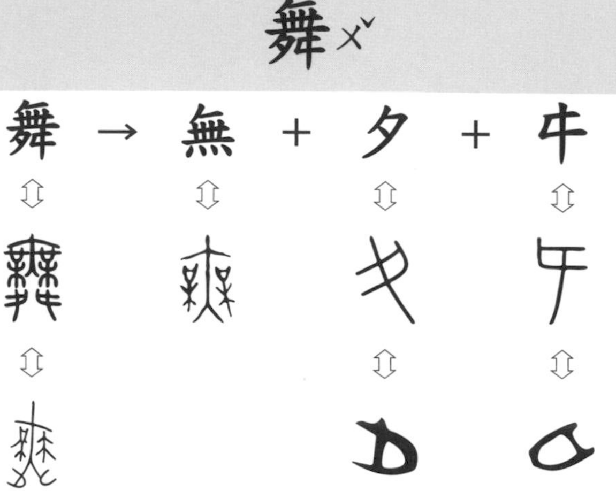

一個人雙手拿著牛尾巴（ ），左腳（ ）、右腳（ ）踩著不同的步伐來跳舞（ ）祈雨。

1 說說看，「 」這個符號代表什麼意思？並用楷書寫出來。

2 說說看，「 」、「 」這兩個符號各代表什麼意思？並用楷書寫出來。

3 請造與「舞」有關的詞語。

4 說說看「舞」的故事，並把它畫下來和寫下來。

粦 ㄌㄧㄣˊ

粦	→	米	+	夕	+	牛
⇳		⇳		⇳		⇳
[小篆]		[小篆]		[小篆]		[小篆]
⇳		⇳		⇳		⇳
[金文]		[金文]		[金文]		[金文]

以前的人所說的鬼火其實就是粦（[古文字]）火，聽說這火（[古文字]）是由許多小火堆疊（[古文字]）在一起，而且還會隨著人移動，好像長了雙腳（[古文字]）會跑呢。

1. 說說看，「[古文字]」這個符號代表什麼意思？並用楷書寫出來。

2. 用楷書寫出代表「[古文字]」雙腳符號的部件。

3. 請造與「粦」有關的詞語。

4. 說說看「粦」的故事，並把它畫下來和寫下來。

登ㄉㄥ				
登	→	癶	+	豆

古人騎馬時多是雙腳（）踩著矮凳子（）登高，才得以登（）上馬背。

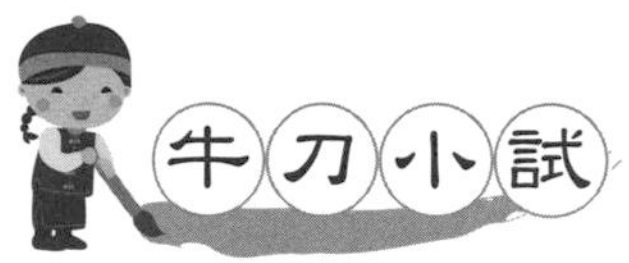

1 說說看，「」這個符號代表什麼意思？並用楷書寫出來。

2 用楷書寫出代表「」這個符號的部件，並說說它代表的意思。

3 請造與「登」有關的詞語。

4 說說看「登」的故事，並把它畫下來和寫下來。

發 ㄈㄚ

發 → 癶 + 弓 + 殳

獵人手拿著武器（殳）和弓箭（弓），啟動了雙腳（癶），準備好出發（發）去打獵！

1. 說說看，「殳」這個符號代表什麼意思？並用楷書寫出來。

2. 用楷書寫出代表「癶」這個符號的部件，並說說它代表的意思。

3. 請造與「發」有關的詞語。

4. 說說看「發」的故事，並把它畫下來和寫下來。

八

族ㄗㄨˊ

族 → 㫃 ＋ 矢

在飄揚的旗幟（㫃）下，拿著箭矢（矢）的賽德克勇士們英勇抗日，誓死捍衛族（族）人的尊嚴。

1. 說說看，「㫃」這個符號代表什麼意思？並用楷書寫出來。

2. 用楷書寫出代表「矢」這個符號的部件，並說說它代表的意思。

3. 請造與「族」有關的詞語。

4. 說說看「族」的故事，並把它畫下來和寫下來。

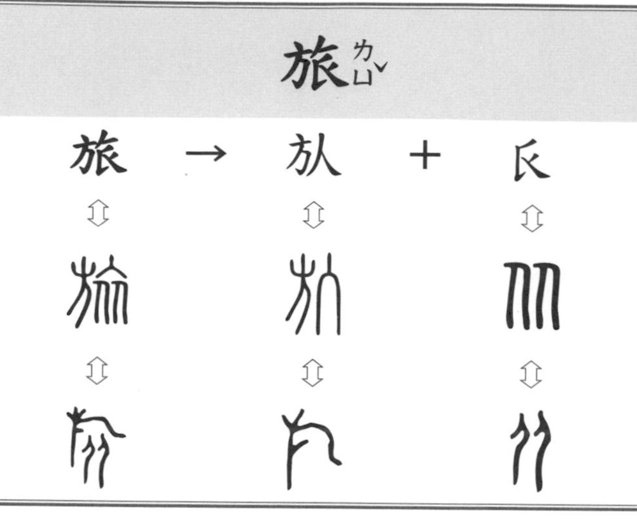

導遊手拿著飄揚的小旗（㫃）帶領團員，團員們跟隨著（从）旗幟四處旅（旅）行。

1. 說說看，「㫃」這個符號代表什麼意思？並用楷書寫出來。

2. 用楷書寫出代表「从」這個符號的部件，並說說它代表的意思。

3. 請造與「旅」有關的詞語。

4. 說說看「旅」的故事，並把它畫下來和寫下來。

旗ㄑㄧˊ				
旗	→	㫃	＋	其

校慶運動會時，各班把班旗綁在有三叉型裝飾品的旗桿（㫃）上，學校裡一片旗海飄揚，其（其）中最獲好評的就是我們班的班旗（旗）。

1 說說看，「㫃」這個符號代表什麼意思？並用楷書寫出來。

2 用楷書寫出代表「其」這個符號的部件，並說說它代表的意思。

3 請造與「旗」有關的詞語。

4 說說看「旗」的故事，並把它畫下來和寫下來。

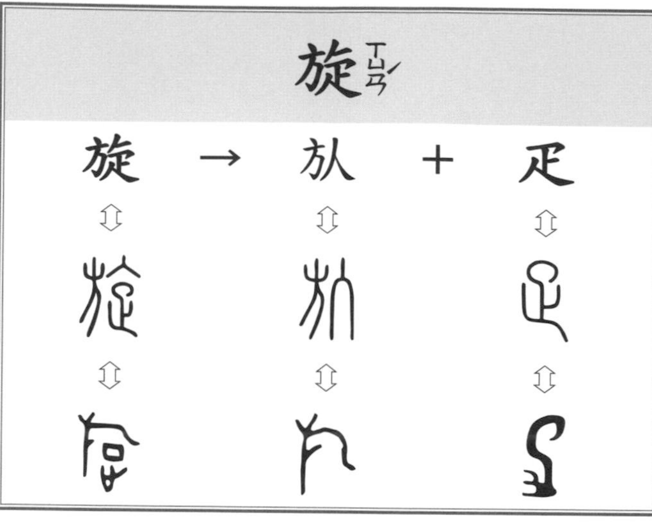

拔河比賽，我們班勇奪冠軍，大家揮舞著班旗（㫃），雀躍的走（疋）回教室，還快樂唱著凱旋（旋）歌。

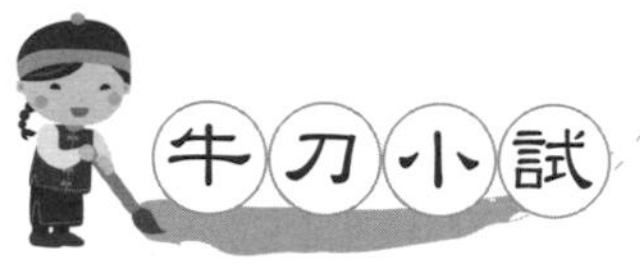

1. 說說看，「㫃」這個符號代表什麼意思？並用楷書寫出來。

2. 用楷書寫出代表「疋」這個符號的部件，並說說它代表的意思。

3. 請造與「旋」有關的詞語。

4. 說說看「旋」的故事，並把它畫下來和寫下來。

遊ㄧㄡˊ

遊 → 辶 + 㫃 + 子

古代的人出外旅遊（）大都用腳在路上行走（），又因為敬畏鬼神，所以還一定帶著代表神明的旗幟（），來保護他們每一個大人小孩（）。

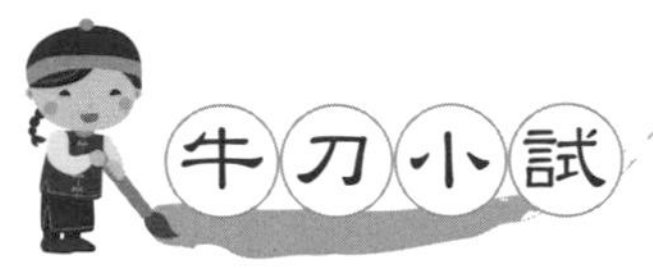

1 說說看，「」這個符號代表什麼意思？並用楷書寫出來。

2 說說看，「」這個符號代表什麼意思？並用楷書寫出來。

3 請造與「遊」有關的詞語。

4 說說看「遊」的故事，並把它畫下來和寫下來。

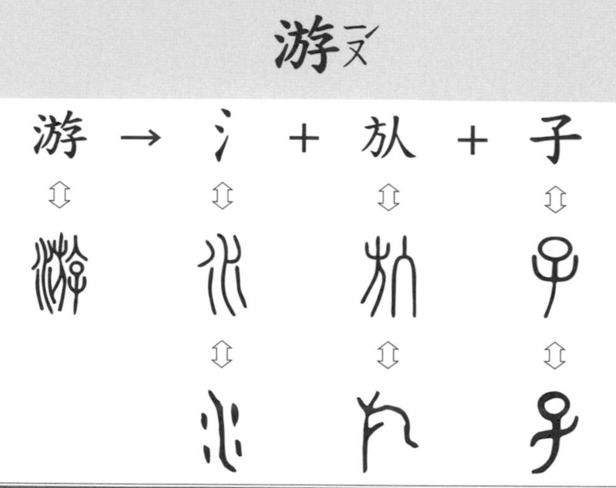

古代的人離開故鄉出外旅遊，常需要游（游）泳橫渡河流（水），又因為敬畏鬼神，所以還要帶著代表神明的旗幟（㫃）來保護大人跟小孩（子）。

1. 說說看，「水」這個符號代表什麼意思？並用楷書寫出來。

2. 用楷書寫出代表「子」這個符號的部件，並說說它代表的意思。

3. 請造與「游」有關的詞語。

4. 說說看「游」的故事，並把它畫下來和寫下來。

九
取

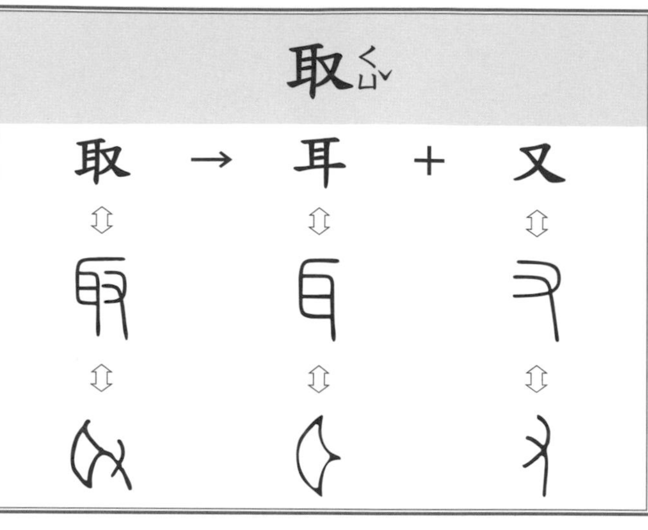

古代打仗一般都以取（）下敵人的右耳為記功的憑據，他們的做法是左手拿著耳（），右手（）握刀，一刀將右耳割下。

1. 說說看，「」這個符號代表什麼意思？並用楷書寫出來。

2. 說說看，「」這個符號代表什麼意思？並用楷書寫出來。

3. 請造與「取」有關的詞語。

4. 說說看「取」的故事，並把它畫下來和寫下來。

娶 ㄑㄩˇ

娶 → 取 ＋ 女

聽說古早的「結婚」是由部落中的一群人，在黃昏時候，將另一個部落的漂亮女（ ）生給搶回來，所以稱之為「結昏」，後改為「結婚」。這種搶取（ ）硬奪的做法是殘暴的，就如古代人打仗，手（ ）拿敵人血淋淋的耳朵（ ）只為滿足自己記功的私慾一樣。

1. 說說看，「 」這個符號代表什麼意思？並用楷書寫出來。

2. 說說看，「 」這個符號代表什麼意思？並用楷書寫出來。

3. 請造與「娶」有關的詞語。

4. 說說看「娶」的故事，並把它畫下來和寫下來。

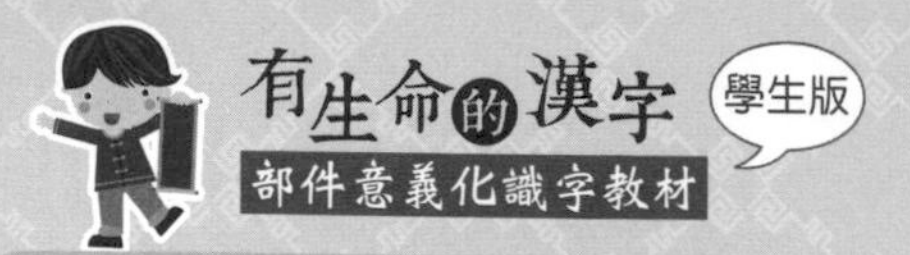

聚ㄐㄩˋ				
聚	→	取	+	㐺
⇳		⇳		⇳
[seal script]		[seal script]		[seal script]
⇳		⇳		⇳
[oracle bone script]		[oracle bone script]		[oracle bone script]

聽說古早的人想要娶老婆，便會在黃昏時，聚（[seal script]）集部落的很多人（[seal script]），合力將另一個部落的漂亮女生給強取（[seal script]）回來，這就是搶婚的習俗。因為常在天色昏暗的黃昏進行，所以稱之為「結昏」，後改為「結婚」。

1. 說說看，「[oracle bone script]」這個符號代表什麼意思？並用楷書寫出來。

2. 說說看，「[seal script]」這個符號代表什麼意思？並用楷書寫出來。

3. 請造與「聚」有關的詞語。

4. 說說看「聚」的故事，並把它畫下來和寫下來。

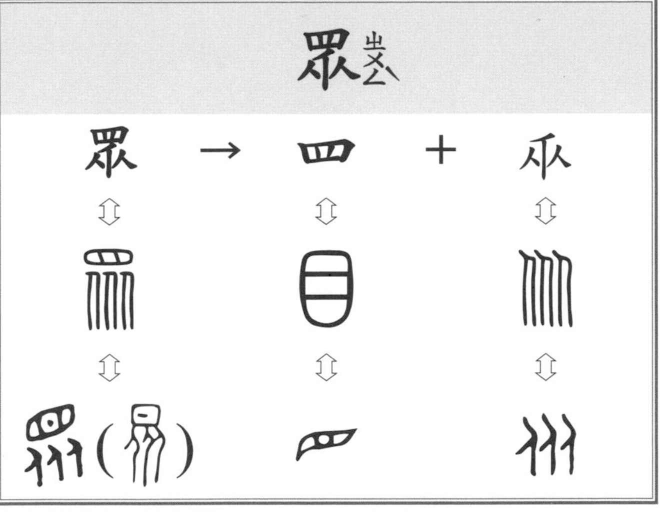

聽說古早的人很不注重人權，常常奴役工人，管理者會在大太陽底下瞪大眼睛（）看著勞工（）汗水淋漓的工作，都不讓他們休息。

1. 說說看，「」這個符號代表什麼意思？並用楷書寫出來。

2. 說說看，「」這個符號代表什麼意思？並用楷書寫出來。

3. 請造與「眾」有關的詞語。

4. 說說看「眾」的故事，並把它畫下來和寫下來。

十
刀
丿

刀 ㄉㄠ

⇕

刀

⇕

𠚣

⇕

𠚣(𠚣)

文字小故事

拿菜刀（𠚣）時一定要注意安全，手握著刀柄（𠚣），不可直接拿著刀頭（𠚣），這樣很容易受傷。

1 說說看，「𠚣」這個符號圈起來的部分代表什麼意思？

2 說說看，「𠚣」這個符號圈起來的部分代表什麼意思？

3 請造與「刀」有關的詞語。

4 說說看「刀」的故事，並把它畫下來和寫下來。

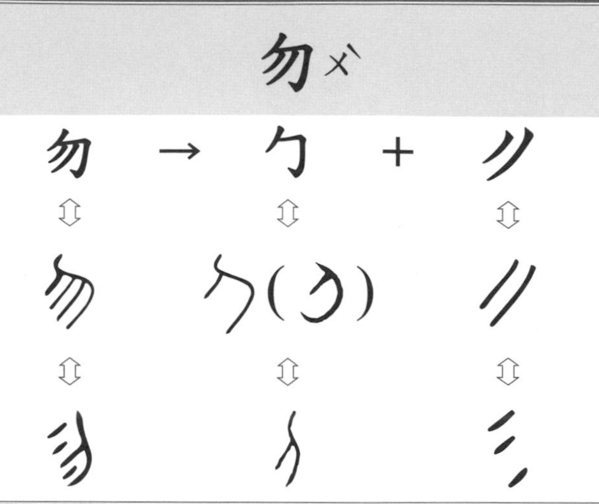

勿（）的本義是「不要」的意思，就像廚師切完菜之後，洗掉菜刀（）上不要的菜渣（）一樣。

1 用楷書寫出代表「」這個符號的部件，並說說它代表的意思。

2 說說看，「」中的這「」代表什麼意思？

3 請造與「勿」有關的詞語。

4 說說看「勿」的故事，並把它畫下來和寫下來。

切ㄑㄧㄝ

切 → 七 ＋ 刀

這把刀（ ）非常鋒利，能夠將橫擺（一）的甘蔗一刀下去（丨），切（ ）成七（七）段。

1. 說說看，「七」這個符號代表什麼意思？

2. 請寫出「 」的楷書字形，並說說它代表的意思。

3. 請造與「切」有關的詞語。

4. 說說看「切」的故事，並把它畫下來和寫下來。

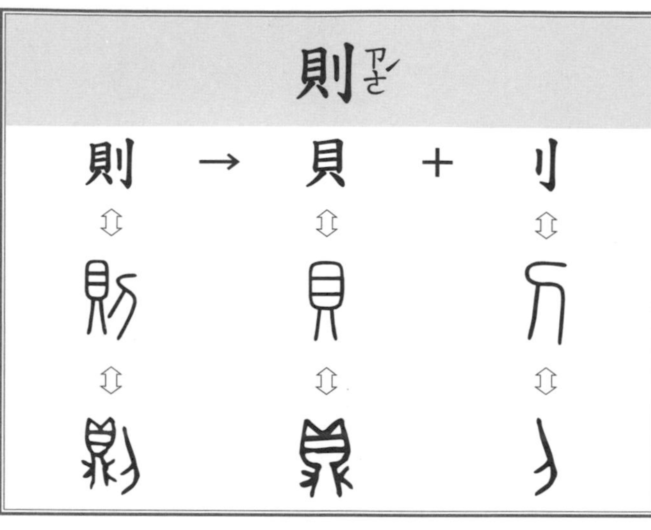

古人將法律用刀（刀）刻在大鼎（鼎）或貝殼（貝）上，用來提醒自己要遵守規則（則）。

1. 說說看，「鼎」這個符號是從何演變的？

2. 用楷書寫出代表「刀」這個符號的部件，並說說它代表的意思。

3. 請造與「則」有關的詞語。

4. 說說看「則」的故事，並把它畫下來和寫下來。

利ㄌㄧˋ

利	→	禾	+	刂
⇕		⇕		⇕
[小篆]		[小篆]		[小篆]
⇕		⇕		⇕
[甲骨文]		[甲骨文]		[甲骨文]

秋天收成時，農夫們需要一把鋒利（[古文字]）的刀子（[古文字]）來收割稻禾（[古文字]）。

1. 說說看，「[古文字]」這個符號代表什麼意思？並用楷書寫出來。

2. 用楷書寫出代表「[古文字]」這個符號的部件。

3. 請造與「利」有關的詞語。

4. 說說看「利」的故事，並把它畫下來和寫下來。

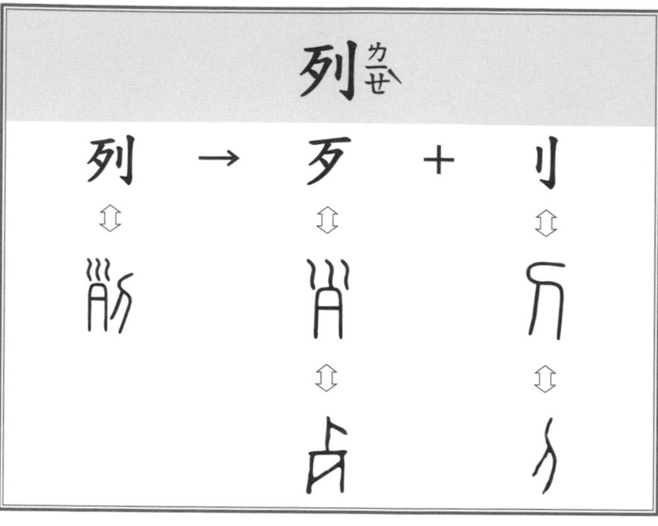

古時風俗，土葬後一段時日要「撿金」，師傅用刀（𠚣）快速的將殘骨（𣦵）分開。雖然一不小心骨頭會裂開，但會將它從下而上堆疊排列（𠜱）在一起，就像一個人坐著一樣。

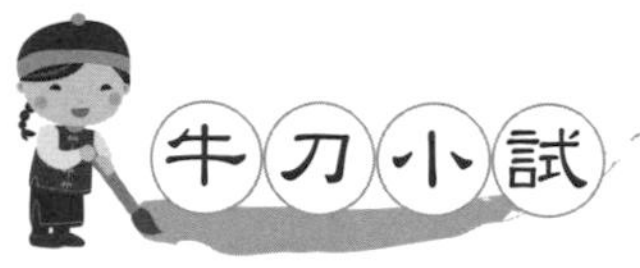

1. 用楷書寫出代表「𣦵」這個符號的部件，並說說它代表的意思。

2. 說說看，「𠚣」這個符號代表什麼意思？

3. 請造與「列」有關的詞語。

4. 說說看「列」的故事，並把它畫下來和寫下來。

十二
ㄙ

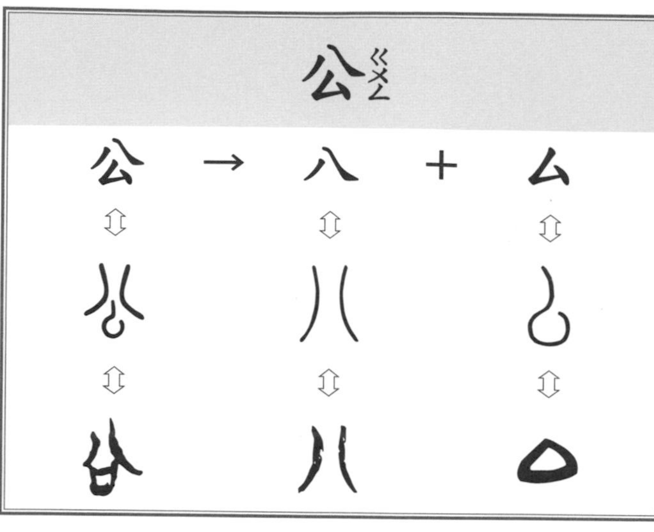

饑荒時，官員扒（)(）開用來綑住稻禾的繩套（ㄙ），將稻米平均分配給一起種田的農家們，真是公（公）平的政策。

1 說說看，「)(」這個符號代表什麼意思？

2 用楷書寫出代表「ㄙ」這個符號的部件，並說說它代表的意思。

3 請造與「公」有關的詞語。

4 說說看「公」的故事，並把它畫下來和寫下來。

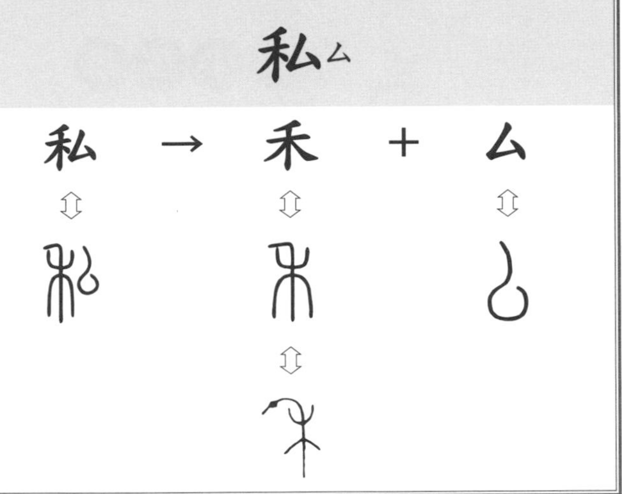

貪心的農夫在半夜時偷偷收割公田，並將繩索繞成ㄙ（ ）形的圈套，將稻禾（ ）綑住藏起來，真是太自私（ ）了！

1. 說說看，「 」這個符號代表什麼意思？並用楷書寫出來。

2. 用楷書寫出代表「 」這個符號的部件，並說說它代表的意思。

3. 請造與「私」有關的詞語。

4. 說說看「私」的故事，並把它畫下來和寫下來。

分ㄈㄣ				
分	→	八	+	刀
⇕		⇕		⇕
(古文字)		(古文字)		(古文字)
⇕		⇕		⇕
(古文字)		(古文字)		(古文字)

吵架的時候，小朋友舉起手刀（）把一起堆的砂堡劈成兩半（），表示兩人之間的友情分（）裂了。

1. 說說看，「」這個符號代表什麼意思？

2. 用楷書寫出代表「」這個符號的部件，並說說它代表的意思。

3. 請造與「分」有關的詞語。

4. 說說看「分」的故事，並把它畫下來和寫下來。

粉ㄈㄣˇ

粉 → 米 + 分

米要做成米粉（）之前，得先將米（）磨成米漿，然後蒸熟製成線條狀，最後用刀（）分（）切成一絲一絲的。

1. 說說看，「」這個符號是從何演變的？

2. 用楷書寫出代表「」這個符號的部件，並說說它代表的意思。

3. 請造與「粉」有關的詞語。

4. 說說看「粉」的故事，並把它畫下來和寫下來。

十二
斤
夕

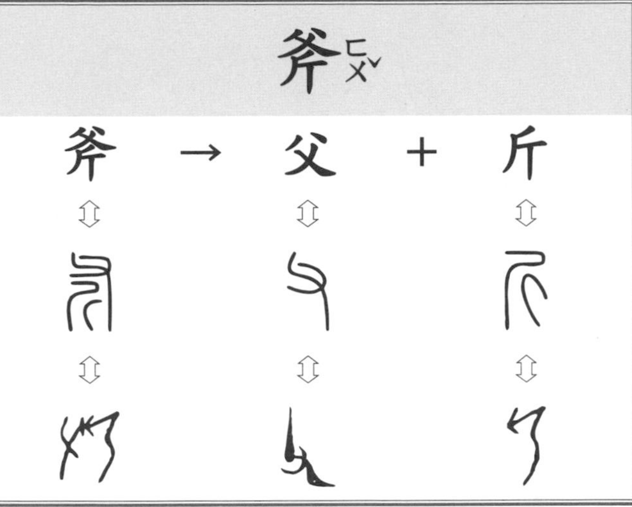

古代的父（ ）親幾乎天天都要使用像斧（ ）頭這類的利器（ ）砍樹砍柴，這樣家裡才有木柴，可以燒來取暖或煮飯。

1. 說說看，「 」這個符號代表什麼意思？並用楷書寫出來。

2. 說說看，「 」這個符號代表什麼意思？並用楷書寫出來。

3. 請造與「斧」有關的詞語。

4. 說說看「斧」的故事，並把它畫下來和寫下來。

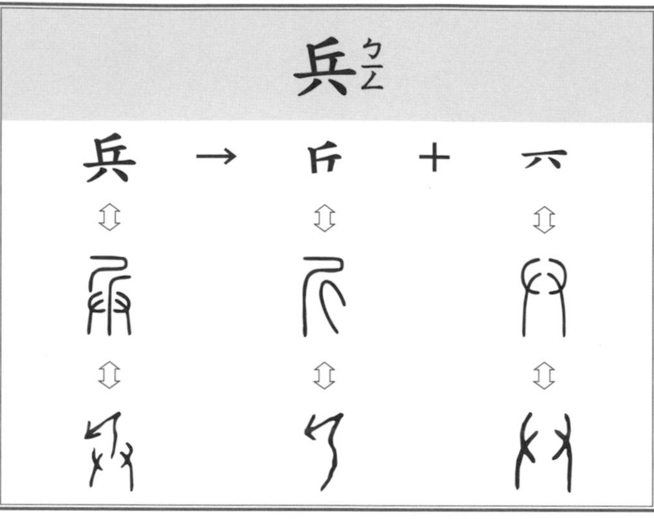

古代士兵（ ）用雙手（ ）拿著斧頭武器（ ）前往沙場作戰。

1. 說說看，「 」這個符號代表什麼意思？並用楷書寫出來。

2. 說說看，「 」這個符號代表什麼意思？並用楷書寫出來。

3. 請造與「兵」有關的詞語。

4. 說說看「兵」的故事，並把它畫下來和寫下來。

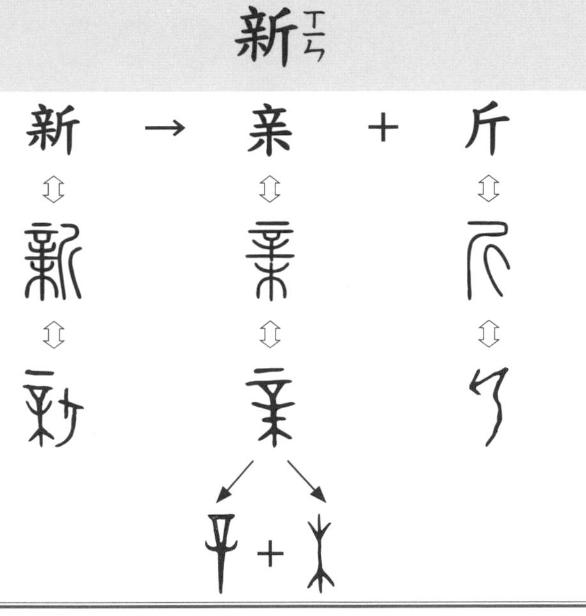

古人以銳利的斧頭（ ）砍樹取木（ ）作為燒火用的薪柴，但是樹木剛被砍（ ）時皆為新（ ）傷，要等乾了後才能當做燃燒的薪柴。

1. 說說看，「 」這個符號代表什麼意思？並用楷書寫出來。

2. 說說看，「 」這個符號代表什麼意思？並用楷書寫出來。

3. 請造與「新」有關的詞語。

4. 說說看「新」的故事，並把它畫下來和寫下來。

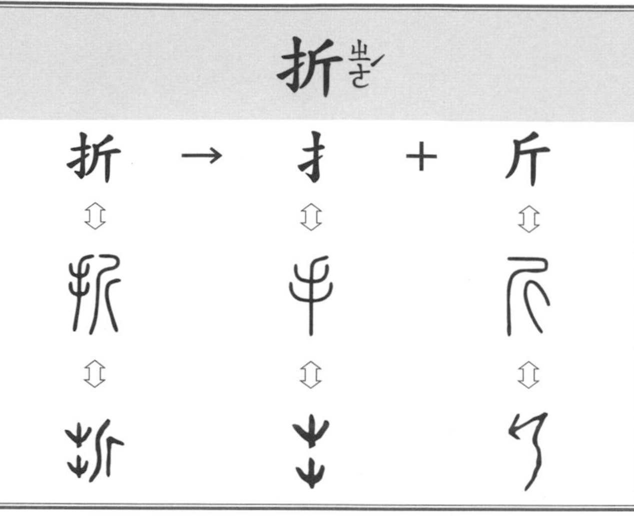

調皮的小元拿著斧頭（ ）在花園亂揮、亂砍，花草（ ）都因此折（ ）斷了。

1. 說說看，「 」這個符號代表什麼意思？後來又演變成什麼符號（部件）？

2. 說說看，「 」這個符號代表什麼意思？並用楷書寫出來。

3. 請造與「折」有關的詞語。

4. 說說看「折」的故事，並把它畫下來和寫下來。

十二
甘
日

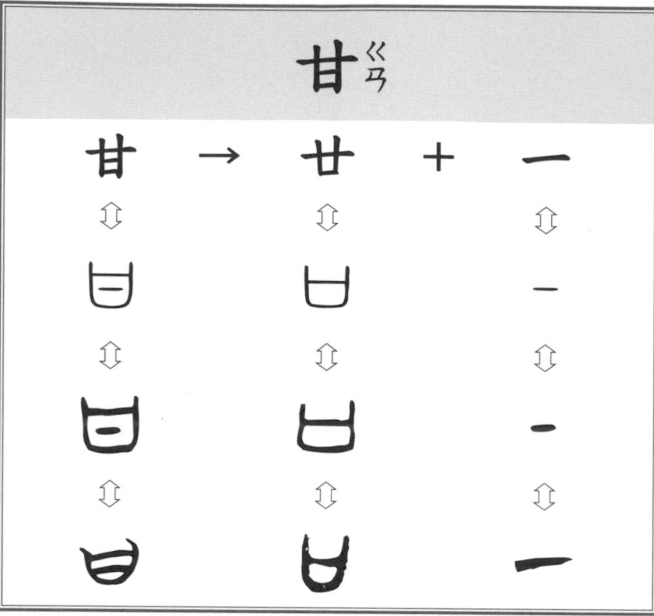

古人發現口（ㄩ）腔內放置澱粉類食物（一）進去嚼一嚼，等一下就會有甘（㔾）甜的味道出現。

1. 說說看，「ㄩ」這個符號代表什麼意思？並用楷書寫出來。

2. 用楷書寫出代表「㔾」這個符號的部件，並說說它代表的意思。

3. 請造與「甘」有關的詞語。

4. 說說看「甘」的故事，並把它畫下來和寫下來。

甜 ㄊㄧㄢˊ

甜 → 舌 ＋ 甘

當我們吃了米飯，舌（）內的唾液酵素便會把這澱粉變成糖，那甘（）甜（）的味道就會跑出來。

1. 說說看，「」這個符號代表什麼意思？並用楷書寫出來。

2. 用楷書寫出代表「」這個符號的部件，並說說它代表的意思。

3. 請造與「甜」有關的詞語。

4. 說說看「甜」的故事，並把它寫出來或畫出來。

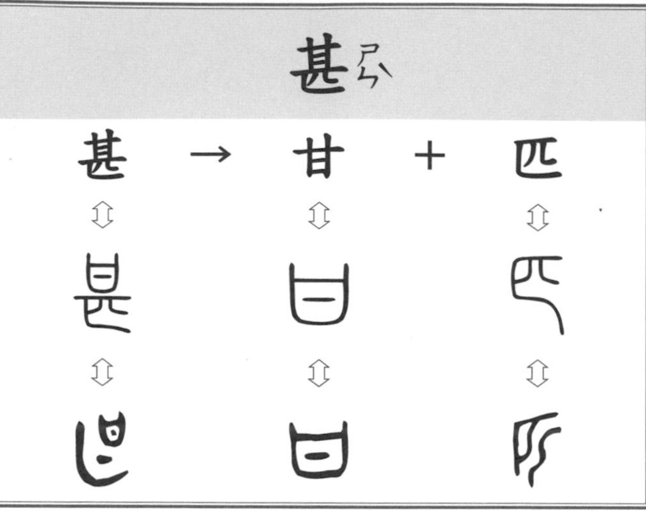

　　古代婚姻講究「門當戶對」，找一位身分學識相匹（）配的人當夫妻，相處起來和順，日子自然過得甘（）甜極了，甚（）至他們認為這比什麼都還重要呢。

1. 說說看，「」這個符號代表什麼意思？並用楷書寫出來。

2. 用楷書寫出代表「」這個符號的部件，並說說它代表的意思。

3. 請造與「甚」有關的詞語。

4. 說說看「甚」的故事，並把它寫出來或畫出來。

十四
頁

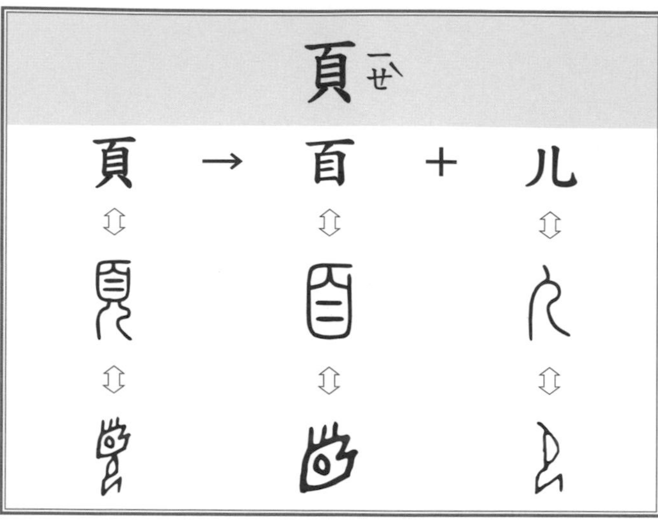

北方人身形高瘦、頭形長而扁，和一般人相較高出一個頭，所以平視下只能看到身軀和手腳（ ），看不到頂部的頭髮（ ），故稱頭部為「頁」（ ），後來也把「頁」用在長扁狀的物品單位上，如一頁書。

1. 說說看，「 」這個符號代表什麼意思？

2. 說說看，「 」這個符號代表什麼意思？並寫出楷化後的國字。

3. 請造與「頁」有關的詞語。

4. 說說看「頁」的故事，並把它畫下來和寫下來。

首 ㄕㄡˇ

首	→	丷	+	百
⇕		⇕		⇕
[古文字]		[古文字]		[古文字]
⇕		⇕		⇕
[古文字]		[古文字]		[古文字]

古代各個部落的領導人聚合在一起時，南方部落首（[古文字]）領的個子比別人矮了一個頭，在人群中只能看到首領的頭髮（[古文字]）和臉（[古文字]），看不到他下半身的手腳。

1 說說看，「[古文字]」這個符號代表什麼意思？

2 說說看，「[古文字]」這個符號代表什麼意思？

3 請造與「首」有關的詞語。

4 說說看「首」的故事，並把它畫下來和寫下來。

十五
巠

經 ㄐㄧㄥ

經	→	糸	+	巠
⇕		⇕		⇕
𦀆		糸		巠
⇕		⇕		⇕
經		糸		巠

古代人織布時，拿著一束束的絲（糸）縷，一條條的放在織布機（巠）上，形成直而長的經（經）線，直的經線和橫的緯線交疊，就可以織成布匹。

1. 說說看，「糸」這個符號代表什麼意思？並用楷書寫出來。

2. 說說看，「巠」這個符號代表什麼意思？並用楷書寫出來。

3. 請造與「經」有關的詞語。

4. 說說看「經」的故事，並把它畫下來和寫下來。

頸 ㄐㄧㄥˇ

頸	→	巠	+	頁

人體連接頭部（頁）和身體的，是一段直而長（巠）的頸（頸）部，它是支撐整體頭部的中軸部位。

1. 說說看，「巠」這個符號代表什麼意思？並用楷書寫出來。

2. 說說看，「頁」這個符號代表什麼意思？並用楷書寫出來。

3. 請造與「頸」有關的詞語。

4. 說說看「頸」的故事，並把它畫下來和寫下來。

莖 ㄐㄧㄥ

莖 → 艹 + 巠

⇳ ⇳ ⇳

莖 艸 巠

⇳

巠

每一株植物（艸），都有直直長長（巠）的莖（莖），它支撐了植株整體的重量，大多上面還長滿了許多的葉、花和果實。

1 說說看，「艸」這個符號代表什麼意思？並用楷書寫出來。

2 說說看，「巠」這個符號代表什麼意思？並用楷書寫出來。

3 請造與「莖」有關的詞語。

4 說說看「莖」的故事，並把它畫下來和寫下來。

徑 ㄐㄧㄥˋ

徑	→	彳	+	巠
⇕		⇕		⇕
𢓊		彳（小篆）		巠（小篆）
		⇕		⇕
		行（甲骨文）		巠（金文）

古代人常常選擇直而長（巠）的道路行走（彳），久而久之就形成了一條條的小徑（徑）。

1. 說說看，「彳」這個符號代表什麼意思？並用楷書寫出來。

2. 說說看，「巠」這個符號代表什麼意思？並用楷書寫出來。

3. 請造與「徑」有關的詞語。

4. 說說看「徑」的故事，並把它畫下來和寫下來。

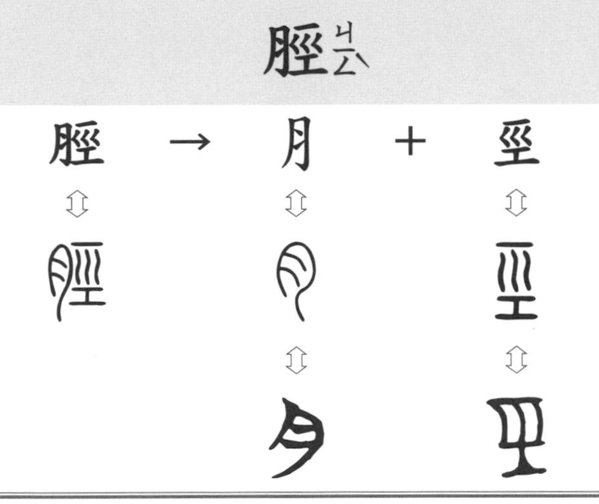

人體的整條腿是肉（）做的，支撐整條腿的直而長（）的中軸部位，就是小腿脛（）部。

1. 說說看，「」這個符號代表什麼意思？並用楷書寫出來。

2. 說說看，「」這個符號代表什麼意思？並用楷書寫出來。

3. 請造與「脛」有關的詞語。

4. 說說看「脛」的故事，並把它畫下來和寫下來。

十六
辰
丙

晨 ㄔㄣˊ

晨 → 日 + 辰

古代的人耕地要早起，太陽（日）升起後，在早晨（）七點到九點時（辰時），就要雙手（）拿著堅硬的大貝殼（）去掘地鬆土了。

1. 說說看，「」這個符號代表什麼意思？並用楷書寫出來。

2. 說說看，「」這個符號代表什麼意思？並用楷書寫出來。

3. 請造與「晨」有關的詞語。

4. 說說看「晨」的故事，並把它畫下來和寫下來。

農 ㄋㄨㄥˊ

農 → 曲 + 辰

古代的農（）夫秋收時用手拿篩子（）篩穀物，春耕時手拿著蚌殼（）製作的農具來翻土，這就是農夫的農耕生活。

1. 說說看，「」這個符號代表什麼意思？並用楷書寫出來。

2. 說說看，「」這個符號代表什麼意思？並用楷書寫出來。

3. 請造與「農」有關的詞語。

4. 說說看「農」的故事，並把它畫下來和寫下來。

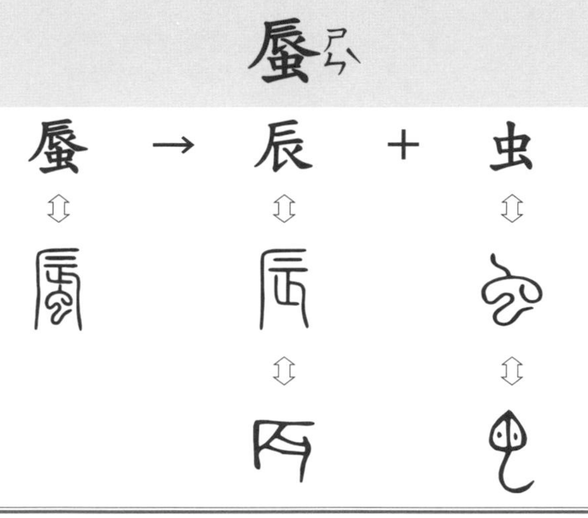

海市蜃（）樓是一種假象，往往出現在沙漠或水面上，有時也會將大貝殼（）伸出來的肉足看成會動的蟲（）呢！

1. 說說看，「」這個符號代表什麼意思？並用楷書寫出來。

2. 說說看，「」這個符號代表什麼意思？並用楷書寫出來。

3. 請造與「蜃」有關的詞語。

4. 說說看「蜃」的故事，並把它畫下來和寫下來。

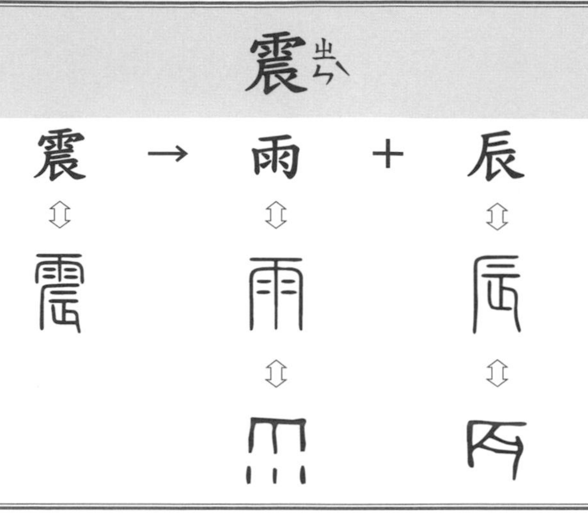

下雨（雨）天雷聲震震（震），雷聲之大很嚇人，連大貝殼（辰）也快速的閉合起來，關閉時發出啪的聲響，很像微小雷聲呢！

1 說說看，「雨」這個符號代表什麼意思？並用楷書寫出來。

2 說說看，「辰」這個符號代表什麼意思？並用楷書寫出來。

3 請造與「震」有關的詞語。

4 說說看「震」的故事，並把它畫下來和寫下來。

娠ㄕㄣ

娠 → 女 ＋ 辰

婦女（ ）懷孕時，胎兒在孕婦腹中手腳動作而產生的規律胎動現象就稱作妊娠（ ），這種胎動就如大蛤蜊（ ）伸出肉足於殼外時產生的振動情形一般。

1. 說說看，「 」這個符號代表什麼意思？並用楷書寫出來。

2. 說說看，「 」這個符號代表什麼意思？並用楷書寫出來。

3. 請造與「娠」有關的詞語。

4. 說說看「娠」的故事，並把它畫下來和寫下來。

十七
章

韋 ㄨㄟˊ

韋 → [illegible] ＋ 口

韋（ ）將軍為了保護家園，要求衛兵的雙腳（ ）站在重要神社或城池（ ）的周圍，以防止敵人進攻。

1. 說說看，「 」這個符號代表什麼意思？並用楷書寫出來。

2. 說說看，「 」這個符號代表什麼意思？並用楷書寫出來。

3. 請造與「韋」有關的詞語。

4. 說說看「韋」的故事，並把它畫下來和寫下來。

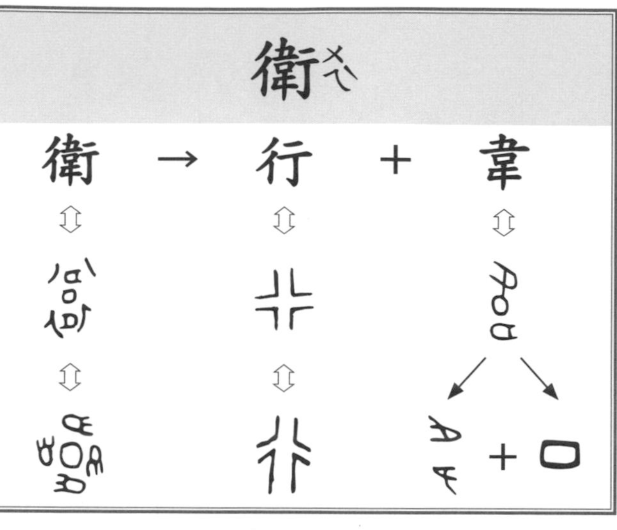

城池（囗）位於四通八達的通道（卄）中央，因為很重要，所以需派兵守衛（衛）。衛兵的雙腳（止）站在重要神社或城池（囗）的周圍（韋），以防止敵人進攻。

1. 說說看，「卄」這個符號代表什麼意思？並用楷書寫出來。

2. 說說看，「韋」這個符號代表什麼意思？並用楷書寫出來。

3. 請造與「衛」有關的詞語。

4. 說說看「衛」的故事，並把它畫下來和寫下來。

圍 ㄨㄟˊ

圍 → 韋 ＋ 口

有衛兵堅守自己的崗位，雙腳（ ）站在城池（ ）的四周，除此，外城還有一道圍（ ）牆保護城裡城外四周圍（ ）的人民，所以這裡很安全。

1. 說說看，「 」這個符號代表什麼意思？並用楷書寫出來。

2. 說說看，「 」這個符號代表什麼意思？並用楷書寫出來。

3. 請造與「圍」相關的詞語。

4. 說說看「圍」的故事，並把它畫下來和寫下來。

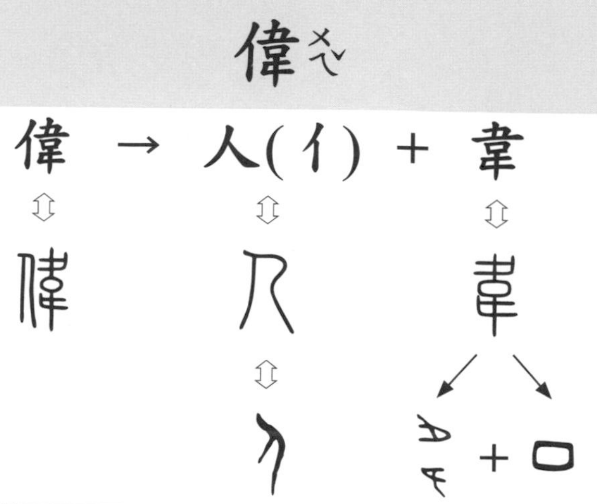

古人為了抵禦敵人，要求每一個人（ ）都要當兵，當兵最重要的是「站衛兵」，衛兵的雙腳（ ）站在重要神社或城池（口）的四周（ ），以防止敵人進攻，是非常偉（ ）大的事。

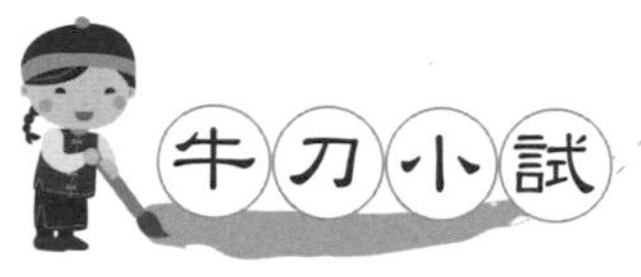

1. 說說看，「 」這個符號代表什麼意思？並用楷書寫出來。

2. 說說看，「 」這個符號代表什麼意思？並用楷書寫出來。

3. 請造與「偉」有關的詞語。

4. 說說看「偉」的故事，並把它畫下來和寫下來。

違 ㄨㄟˊ

違 → 辶 + 韋

古代衛兵保衛城池，得環狀站立在城池（韋）四周，每個人的腳（止）在馬路（彳）巡視行走都有一定的方向，不可違（違）反了規定。

1. 說說看，「辵」這個符號代表什麼意思？並用楷書寫出來。

2. 說說看，「韋」這個符號代表什麼意思？並用楷書寫出來。

3. 請造與「違」相關的詞語。

4. 說說看「違」的故事，並把它畫下來和寫下來。

十八

帚 ㄓㄡˇ				
帚	→	冖	+	帚
⇕		⇕		⇕
⇕		⇕		⇕

掃地掃好後，還要將掃帚倒立（ ）收好，放置在掃帚（ ）的支架（ ）上，這才算是完成打掃的工作。

1. 說說看「 」這個符號代表什麼意思？並用楷書寫出來。

2. 用楷書寫出代表「 」這個符號的部件，並說說它代表的意思。

3. 請造與「帚」有關的詞語。

4. 說說看「帚」的故事，並把它寫出來或畫出來。

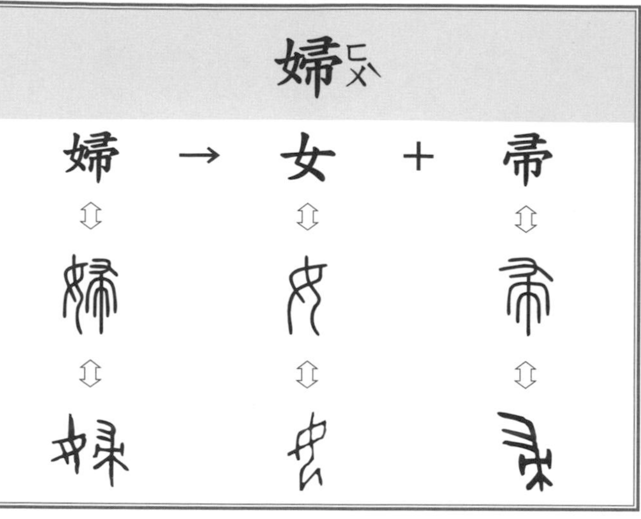

打掃家中環境大多是家庭主婦（）的工作，所以常見家中的婦女（）拿起掃帚（）掃地。

1. 說說看，「」這個符號代表什麼意思？並用楷書寫出來。

2. 用楷書寫出代表「」這個符號的部件，並說說它代表的意思。

3. 請造與「婦」有關的詞語。

4. 說說看「婦」的故事，並把它寫出來或畫出來。

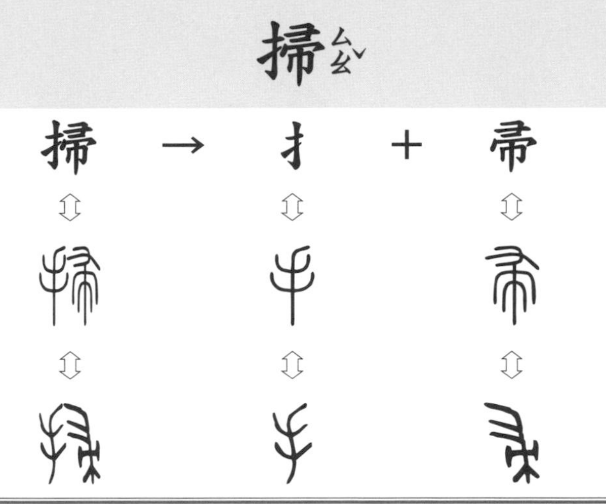

掃（𢪃）地時，必須用手（手）拿好掃帚（帚），地才能掃得乾淨。

1 說說看，「手」這個符號代表什麼意思？並用楷書寫出來。

2 用楷書寫出代表「帚」這個符號的部件，並說說它代表的意思。

3 請造與「掃」有關的詞語。

4 說說看「掃」的故事，並把它寫出來或畫出來。

十九
皿

益 ㄧˋ

益	→	兴	+	皿
⇳		⇳		⇳
[篆文]		[篆文]		[篆文]
⇳		⇳		⇳
[甲骨文]		[甲骨文]		[甲骨文]

商人買賣商品都希望可以獲得很多的利益（[甲骨文]），就像將水（[甲骨文]）裝在高腳盤子器皿（[甲骨文]）裡，水多到滿出器皿外面一樣，越多越好。

1 說說看，「[甲骨文]」這個符號代表什麼意思？並用楷書寫出來。

2 說說看，「[甲骨文]」這個符號代表什麼意思？並用楷書寫出來。

3 請造與「益」有關的詞語。

4 說說看「益」的故事，並把它畫下來和寫下來。

盥 ㄍㄨㄢˋ

盥	→	臼	+	水	+	皿

人們工作結束回家，要先到盥（盥）洗室裡用水盆（皿）裝水（水）清洗雙手（臼），再到餐廳吃飯，才能保持衛生及身體健康。

1. 用楷書寫出代表「皿」這個符號的部件，並說說它代表的意思。

2. 說說看，「臼」這個符號代表什麼意思？並用楷書寫出來。

3. 請造與「盥」有關的詞語。

4. 說說看「盥」的故事，並把它畫下來和寫下來。

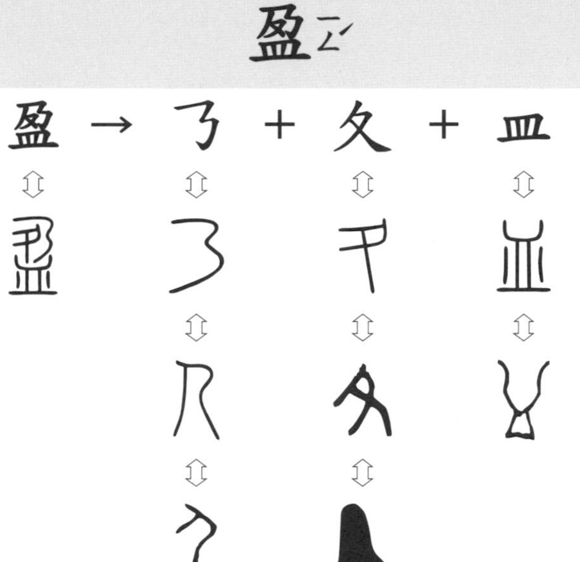

熱淚盈（）眶的意思是眼淚充滿整個眼睛，彷彿淚水都要滿出眼眶，類似古人在澡盆（）裡洗澡，當整個人身體和腳（）都進入澡盆時，水常常滿出澡盆外面一樣。

1. 用楷書寫出代表「」這個符號的部件，並說說它代表的意思。

2. 說說看，「」這個符號代表什麼意思？並用楷書寫出來。

3. 請造與「盈」有關的詞語。

4. 說說看「盈」的故事，並把它畫下來和寫下來。

二十
高

高 ㄍㄠ

高 → 亠 + 口

古時候建造城牆都會留個容進出的通道（ㄩ），城牆的高台上也會建造高大瞭望樓（亼），除了觀察敵軍之外，也可以讓皇帝站在高（高）處觀賞風景。

1. 說說看，「亼」這個符號代表什麼意思？並用楷書寫出來。

2. 說說看，「ㄩ」這個符號代表什麼意思？並用楷書寫出來。

3. 請造與「高」有關的詞語。

4. 說說看「高」的故事，並把它畫下來和寫下來。

京ㄐㄧㄥ

京 → 亠口 ＋ 小

皇帝在土堆成的高丘（ ）上建造高大的眺望塔（ ），方便觀察人民與敵人的狀況，有這種地方的城市叫做京（ ）城。

1. 說說看，「 」這個符號中，圈起的部分代表什麼意思？並用楷書寫出來。

2. 說說看，「 」這個符號中，圈起的部分代表什麼意思？並用楷書寫出來。

3. 請造與「京」有關的詞語。

4. 說說看「京」的故事，並把它畫下來和寫下來。

喬 ㄑㄧㄠˊ

喬	→	天	+	高
⇕		⇕		⇕
喬（小篆）		夭（小篆）		高（小篆）
⇕				⇕
喬（古文字）				高（古文字）

喬（喬）木，是指多年生、特別高（高）大的樹木，除了樹徑粗大外，頂端樹枝彎曲（夭），通常長得比高樓還要高，高聳參天的就好像快碰到天了。

1. 說說看，「高」這個符號代表什麼意思？並用楷書寫出來。

2. 說說看，「喬」這個符號代表什麼意思？並用楷書寫出來。

3. 請造與「喬」有關的詞語。

4. 說說看「喬」的故事，並把它畫下來和寫下來。

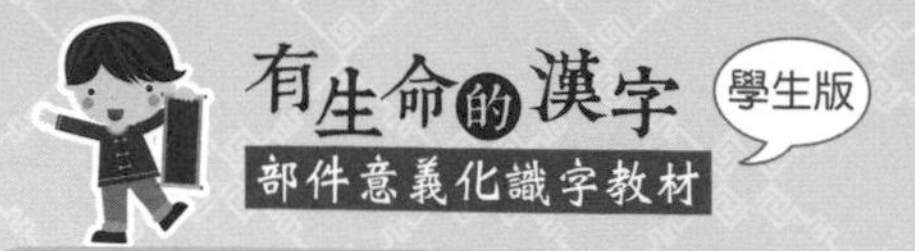

橋 ㄑㄧㄠˊ

橋	→	木	+	喬
⇕		⇕		⇕
(小篆)		(小篆)		(小篆)
		⇕		⇕
		(甲骨文)		(甲骨文)

古代修建橋（橋）梁時，必定選取高大的喬（喬）木（木）樹幹作為材料，這樣才堅固耐用。

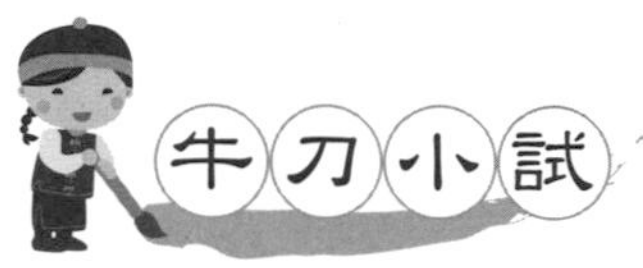

1. 說說看，「木」這個符號代表什麼意思？並用楷書寫出來。

2. 說說看，「喬」這個符號代表什麼意思？並用楷書寫出來。

3. 請造與「橋」有關的詞語。

4. 說說看「橋」的故事，並把它畫下來和寫下來。

亭 ㄊㄧㄥˊ

亭 → ⿳亠口冂 + 丁

許多壯丁（丁）站在高台上的層疊建築物（高）上，負責觀察敵人情形，這樣的地方稱作眺望亭（亭）台。

1 說說看，「高」這個符號代表什麼意思？並用楷書寫出來。

2 說說看，「亭」這個符號中，圈起的部分代表什麼意思？並用楷書寫出來。

3 請造與「亭」有關的詞語。

4 說說看「亭」的故事，並把它畫下來和寫下來。

就 ㄐㄧㄡˋ

就 → 京 + 尤

洪水時期人人都想要居住在安全的地方，尤（ ）其特別想住在高人一等的王者所在地京（ ）城，在那裡不但身家安全了，還有很多就（ ）業機會。

1. 說說看，「 」這個符號代表什麼意思？並用楷書寫出來。

2. 說說看，「 」這個符號代表什麼意思？並用楷書寫出來。

3. 請造與「就」有關的詞語。

4. 說說看「就」的故事，並把它畫下來和寫下來。

二十一
子

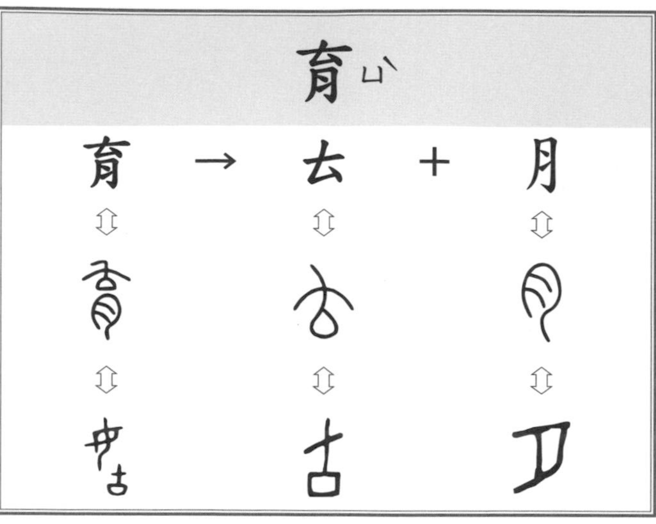

小孩子（）從媽媽產道順利生出來時，都是頭下腳上的（），過程中媽媽都很辛苦，而且孩子是媽媽心頭的一塊肉（），之後還要花更多心血養育（）呢。

1. 說說看，「」這個符號代表什麼意思？並用楷書寫出來。

2. 用楷書寫出代表「」這個符號的部件，並說說它代表的意思。

3. 請造與「育」有關的詞語。

4. 說說看「育」的故事，並把它畫下來和寫下來。

毓ㄩˋ				
毓	→	每	+	㐬

毓（[seal script]）的文字創造意涵是孕婦的生產過程：嬰兒（[seal script]）從長髮母親（[seal script]）的臀下產出，在順產的情況下，嬰兒頭部朝下（[seal script]）和著血水一起順流（[seal script]）而出。

1. 說說看，「[seal script]」這個符號代表什麼意思？並用楷書寫出來。

2. 用楷書寫出代表「[seal script]」這個符號的部件，並說說它代表的意思。

3. 請造與「毓」有關的詞語。

4. 說說看「毓」的故事，並把它畫下來和寫下來。

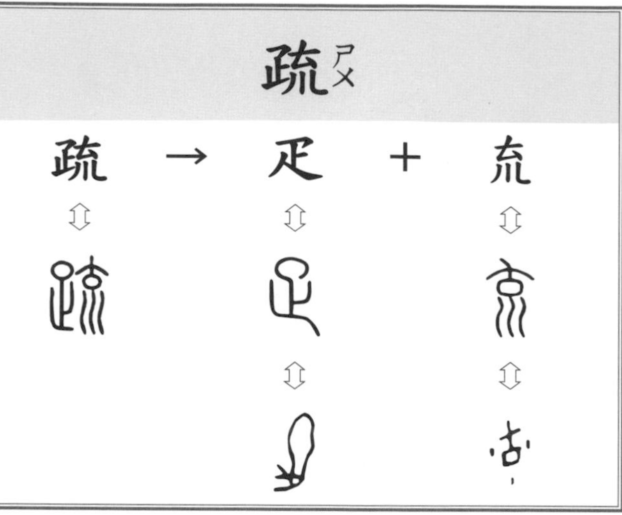

胎兒用盡全身的力量移動身體和雙足（𤴓），衝破胎衣通過產道。當血水和新生兒（㐬）同時出現，母體的肚子也覺得疏（疏）通了不少。

1. 說說看，「㐬」這個符號代表什麼意思？並用楷書寫出來。

2. 用楷書寫出代表「𤴓」這個符號的部件，並說說它代表的意思。

3. 請造與「疏」有關的詞語。

4. 說說看「疏」的故事，並把它畫下來和寫下來。

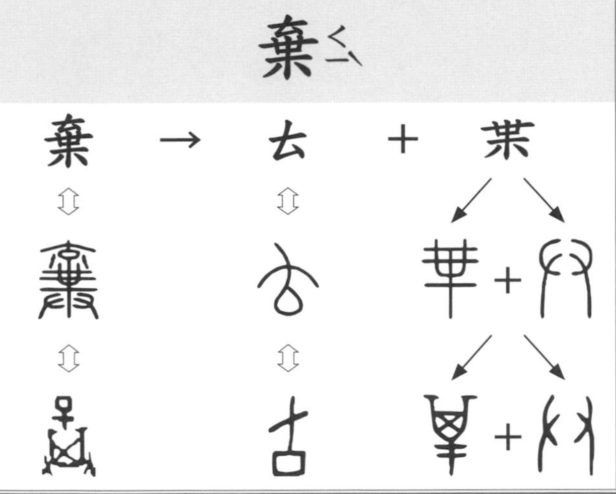

古時候的窮苦人家養不起孩子，常常將剛出生、身上還帶有血水的孩子（㐬）裝在畚箕（𠦒）裡，再用雙手（廾）捧著丟棄（棄）到門外，希望能有路過的好心人把孩子帶回去撫養。

1 說說看，「𠦒」和「廾」這兩個符號合在一起代表什麼意思？並用楷書寫出來。

2 用楷書寫出代表「㐬」這個符號的部件，並說說它代表的意思。

3 請造與「棄」有關的詞語。

4 說說看「棄」的故事，並把它畫下來和寫下來。

孕 ㄩㄣˋ

孕 → 乃 + 子

懷孕（ ）的媽媽肚子大大的（ ），可愛的寶寶（ ）就孕（ ）育在裡面，我們全家人都滿心期待他的誕生。

1. 說說看，「 」這個符號代表什麼意思？並用楷書寫出來。

2. 用楷書寫出代表「 」這個符號的部件，並說說它代表的意思。

3. 請造與「孕」有關的詞語。

4. 說說看「孕」的故事，並把它畫下來和寫下來。

乳ㄖㄨˇ

乳 → 孚 + 乚

媽媽慈愛的用手托著孩子的頭（孚），曲著身體（乚）跪坐著哺餵嬰兒母乳（乳），讓原本肚子餓得哇哇大哭的小寶寶（子）瞬間安靜了下來。

1. 說說看，「孚」這個符號代表什麼意思？並用楷書寫出來。

2. 用楷書寫出代表「乚」這個符號的部件，並說說它代表的意思。

3. 請造與「乳」有關的詞語。

4. 說說看「乳」的故事，並把它畫下來和寫下來。

二十二
复

復ㄈㄨˋ

復 → 彳 + 复

動手術後，他勤勞的在居處（ ）的出入口不斷往復行走（ ）復健，不久，這個行（ ）動終於讓他的雙腳（ ）康復（ ）了。

1. 說說看，「 」這個符號代表什麼意思？並用楷書寫出來。

2. 說說看，「 」這個符號代表什麼意思？並用楷書寫出來。

3. 請造與「復」有關的詞語。

4. 說說看「復」的故事，並把它寫出來或畫出來。

覆 ㄈㄨˋ

覆 → 襾 + 復

⇳ ⇳ ⇳

（小篆）覆 （小篆）襾 （小篆）復

（小篆）彳 + （小篆）复

文字小故事

古人拿著布包做成酒糟塞子（襾），將酒罈子緊密塞住並反覆（覆）來回的正立和倒蓋，來回多次往復（復）檢查每一個酒罈，要做到滴酒不漏的境界。

1. 說說看，「襾」這個符號代表什麼意思？並用楷書寫出來。

2. 說說看，「復」這個符號代表什麼意思？並用楷書寫出來。

3. 請造與「覆」有關的詞語。

4. 說說看「覆」字的故事，並把它寫出來或畫出來。

複ㄈㄨˋ

複 → 衤 ＋ 复

她為了找重複（）一樣的兩塊布來做有內裡的衣（）裳，多次來回行走到地下室（）去找。

1 說說看，「」這個符號代表什麼意思？並用楷書寫出來。

2 說說看，「」這個符號代表什麼意思？並用楷書寫出來。

3 請造與「複」有關的詞語。

4 說說看「複」的故事，並把它寫出來或畫出來。

二十三
冊

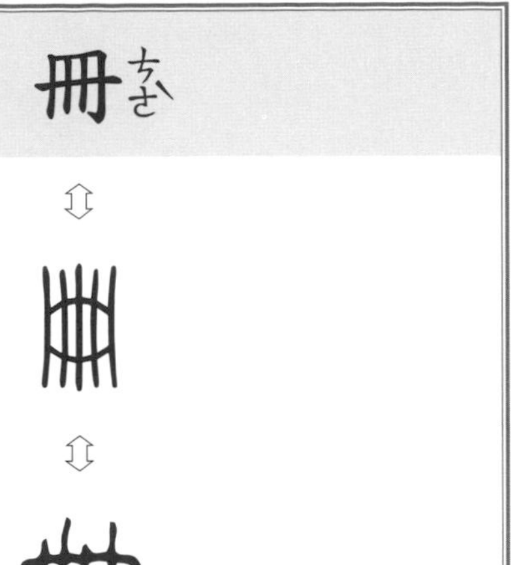

古時候並沒有紙，人們將文字刻劃在竹片或木片上，然後將寫好的竹片或木片用皮繩束集起來（），就是現在的「冊」（）。

1 說說看，「」這個符號代表什麼意思？並用楷書寫出來。

2 請造與「冊」有關的詞語。

3 說說看「冊」的故事，並把它畫下來和寫下來。

典ㄉㄧㄢˇ

典	→	冊	+	六
⇕		⇕		⇕
[小篆]		[小篆]		[小篆]
⇕		⇕		⇕
[甲骨文]		[甲骨文]		[甲骨文]

古時候，如果遇有重要、經典的書籍要存放，那麼，雙手（[古字]）得將重要的書冊（[古字]）高高的舉放在几台上，使之典藏，這就是典（[古字]）藏的「典」的意思。

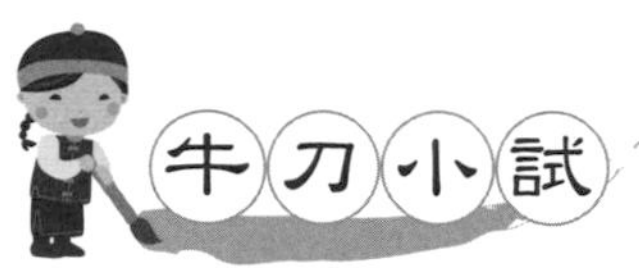

1. 說說看，「[古字]」這個符號代表什麼意思？並用楷書寫出來。

2. 說說看，「[古字]」這個符號代表什麼意思？並用楷書寫出來。

3. 請造與「典」有關的詞語。

4. 說說看「典」的故事，並把它畫下來和寫下來。

刪ㄕㄢ

刪	→	冊	+	刂
⇕		⇕		⇕
[小篆]		[小篆]		[小篆]
		⇕		⇕
		[甲骨文]		[甲骨文]

當寫在簡冊（[古文字]）上的內容有錯誤需要更改時，就必須用刀（[古文字]）刮除刪（[古文字]）去才能重寫，這就是「刪」的意思。

1. 說說看，「[古文字]」這個符號代表什麼意思？並用楷書寫出來。

2. 說說看，「[古文字]」這個符號代表什麼意思？並用楷書寫出來。

3. 請造與「刪」有關的詞語。

4. 說說看「刪」的故事，並把它畫下來和寫下來。

二十四
龠
龠

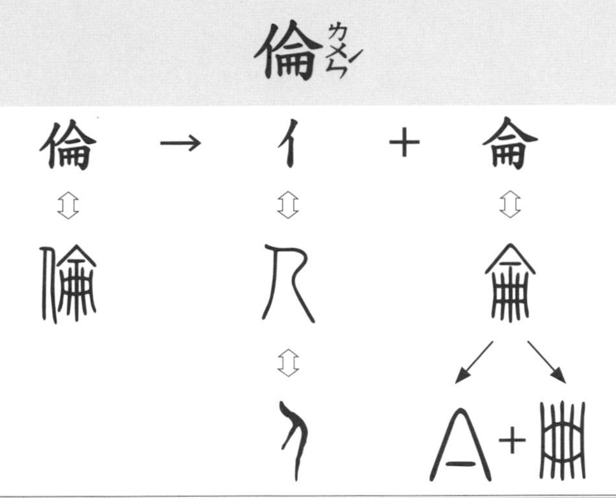

「爺→父→孫」就是中國社會所講的人倫（倫），這種分際清楚又互有關聯的人（人）際關係，就像簡冊（冊）集合（亼）排列一樣，有系統又有次序。

1 說說看，「人」這個符號代表什麼意思？並用楷書寫出來。

2 說說看，「侖」這個符號代表什麼意思？並用楷書寫出來。

3 請造與「倫」有關的詞語。

4 說說看「倫」的故事，並把它畫下來和寫下來。

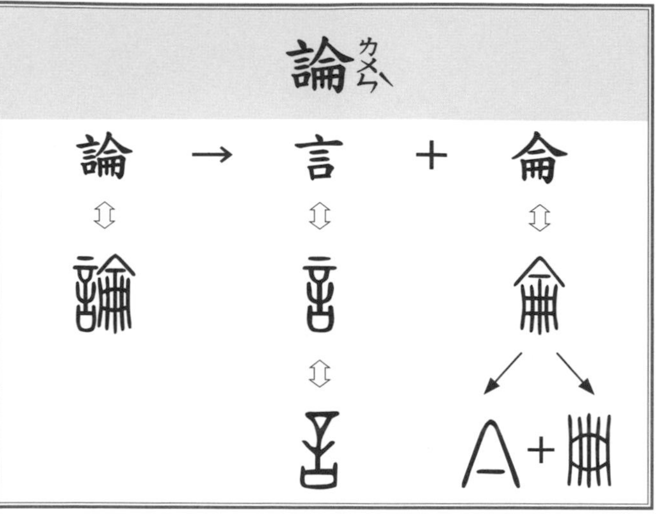

論（篆）文是整齊有序又連貫的言（篆）論，它的編輯要有系統，像古時簡冊（篆）集合（篆）排列一樣，一定有某種的次序關聯。

1. 說說看，「篆」這個符號代表什麼意思？並用楷書寫出來。

2. 說說看，「篆」這個符號代表什麼意思？並用楷書寫出來。

3. 請造與「論」有關的詞語。

4. 說說看「論」的故事，並把它畫下來和寫下來。

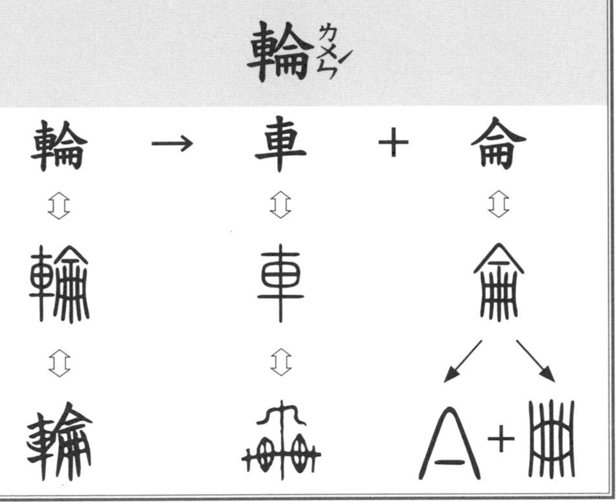

古時候的人想做車（車）輪的模型，就用散掉的竹簡（冊）竹片集合（亼）起來當作骨幹，再有系統的排列呈放射狀，最後外圍再繞一個圓圈就是車子的車輪（輪）了。

1 說說看，「車」這個符號代表什麼意思？並用楷書寫出來。

2 說說看，「侖」這個符號代表什麼意思？並用楷書寫出來。

3 請造與「輪」有關的詞語。

4 說說看「輪」的故事，並把它畫下來和寫下來。

二十五
菁

溝 ㄍㄡ

溝 → 氵 ＋ 冓

「水溝（溝）」就是有使小水（水）與大水交接、相會（冓）作用的渠道；而人與人之間的「溝（溝）通」，就是意識的交接與相會，當然也得費口舌之力，講久了口水（水）也會乾。

1. 說說看，「水」這個符號代表什麼意思？並用楷書寫出來。

2. 說說看，「冓」這個符號代表什麼意思？並用楷書寫出來。

3. 請造與「溝」有關的詞語。

4. 說說看「溝」的故事，並把它畫下來和寫下來。

構 ㄍㄡˋ

構	→	木	＋	冓
⇕		⇕		⇕
𣞕		木		冓
		⇕		⇕
		木		冓

古時候多用木頭（木）建造房子，古人會先把木頭有次序的交冓（冓）相接在一起，有時也會用卡榫或繩子來固定，這些交織的木頭就是房子的層層結構（構）。

1. 說說看，「木」這個符號代表什麼意思？並用楷書寫出來。

2. 說說看，「冓」這個符號代表什麼意思？並用楷書寫出來。

3. 請造與「構」有關的詞語。

4. 說說看「構」的故事，並把它畫下來和寫下來。

購ㄍㄡˋ

購	→	貝	+	冓
⇕		⇕		⇕
購		貝		冓
		⇕		⇕
		貝		冓

古時候人們最早用「以物易物」方式來交換所需，後來用「貝」（貝）當作貨幣、錢財，以幫助物品流通交換（冓）時使用，這就是購（購）買行為的開始。

1. 說說看，「貝」這個符號代表什麼意思？並用楷書寫出來。

2. 說說看，「冓」這個符號代表什麼意思？並用楷書寫出來。

3. 請造與「購」有關的詞語。

4. 說說看「購」的故事，並把它畫下來和寫下來。

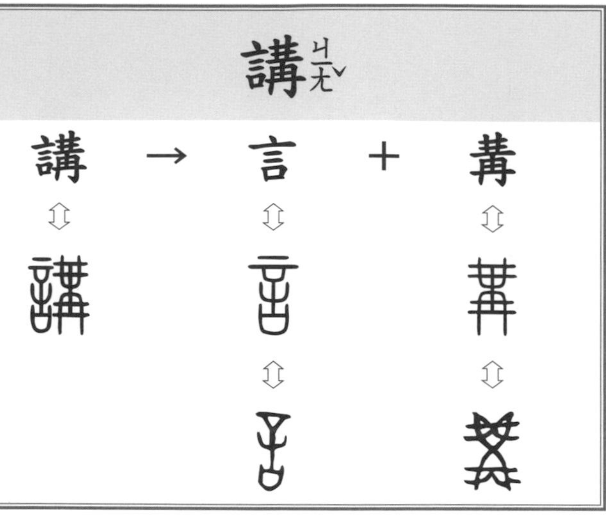

講（）話就是你一言（）我一句的，最後還要想辦法跟別人所說的話像木條和木條交疊（）在一起有所交接、相連，這樣才算懂得別人的意思。

1. 說說看，「」這個符號代表什麼意思？並用楷書寫出來。

2. 說說看，「」這個符號代表什麼意思？並用楷書寫出來。

3. 請造與「講」有關的詞語。

4. 說說看「講」的故事，並把它畫下來和寫下來。

二十六
壬

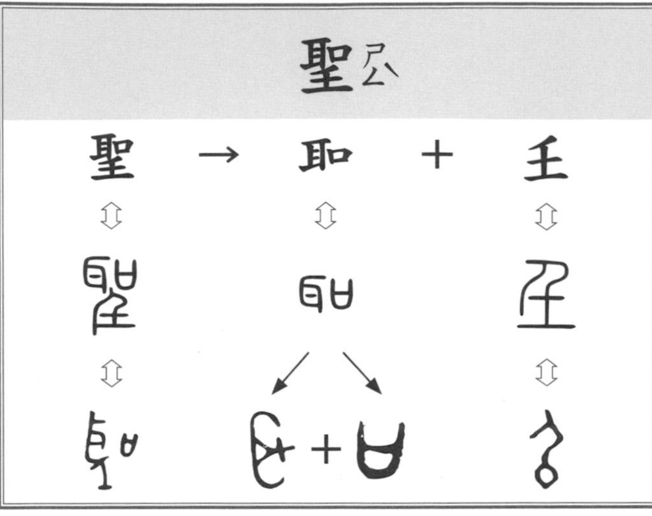

有些人耳朵（ ）聽覺敏銳，能傾聽萬物又充滿智慧。他願意站在高處（ ），將深奧的道理簡化後口述（ ）講給大家聽，這樣的人就是聖（ ）人。

1. 說說看，「 」、「 」這兩個符號代表什麼意思？並用楷書寫出來。

2. 說說看，「 」這個符號代表什麼意思？並用楷書寫出來。

3. 請造與「聖」有關的詞語。

4. 說說看「聖」的故事，並把它畫下來和寫下來。

望ㄨㄤˋ

望 → + 壬

古時候的人（），通訊不發達，希望看到長久不在（）的家人歸來，半夜睡不著，趁著月（）光明亮，站在高高的土堆（）上，睜大眼睛（）向遠處望呀望（）！這就是親人的盼望。

1. 說說看，「」這個符號代表什麼意思？

2. 說說看，「」這個符號代表什麼意思？

3. 請造與「望」有關的詞語。

4. 說說看「望」的故事，並把它畫下來和寫下來。

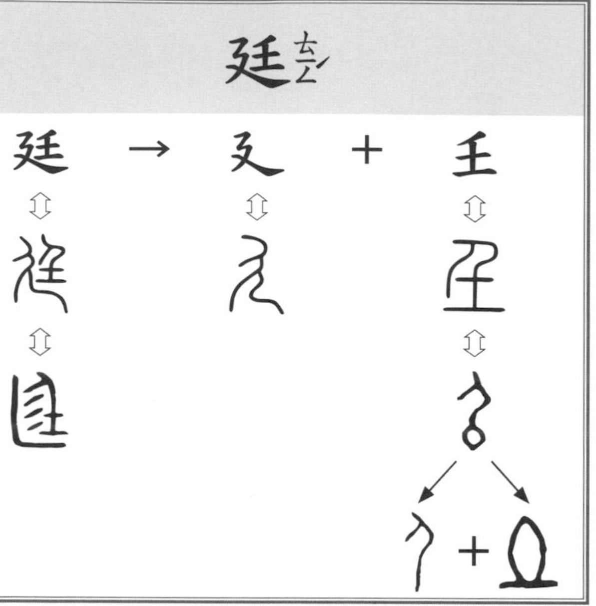

古代君王聽取朝政，進朝的官員（亻）要先走過宮殿前廣場，那又長又遠的道路（廴），最後才站在廷前的土地上（𡈼）等著君王指示，這就是古時朝廷（廷）早朝的情形。

1 說說看，「廴」這個符號代表什麼意思？並用楷書寫出來。

2 說說看，「𡈼」這個符號代表什麼意思？並用楷書寫出來。

3 請造與「廷」有關的詞語。

4 說說看「廷」的故事，並把它畫下來和寫下來。

庭ㄊㄧㄥˊ

庭 → 广 ＋ 廷

庭（𢈘）院通常是房子外的平地，空地上還有簡易的建築物（广），功能跟古代君王聽取朝政的朝廷（廷）一樣，都是讓人站立在土地上（𡈼）活動的廣場。

1. 說說看，「广」這個符號代表什麼意思？並用楷書寫出來。

2. 說說看，「廷」這個符號代表什麼意思？並用楷書寫出來。

3. 請造與「庭」有關的詞語。

4. 說說看「庭」的故事，並把它畫下來和寫下來。

二十七
壴

鼓 ㄍㄨˇ

鼓	→	壴	+	支
⇕		⇕		⇕
[篆文]		[篆文]		[篆文]
⇕		⇕		⇕
[甲骨文]		[甲骨文]		[甲骨文]

優人神鼓（[古字]）的表演者，手拿著鼓棒（[古字]）用力擊打豎立在一旁的大鼓（[古字]），彭！彭！的聲響，真震撼人心。

1. 用楷書寫出代表「[古字]」這個符號的部件，並說說它代表的意思。

2. 說說看，「[古字]」這個符號代表什麼意思？並用楷書寫出來。

3. 請造與「鼓」有關的詞語。

4. 說說看「鼓」的故事，並把它畫下來和寫下來。

彭 ㄆㄥˊ

彭	→	壴	+	彡

用力擊打大鼓（壴）時，發出震耳的聲波（彡），彭！彭！彭！（彭），非常震撼人心。

1 用楷書寫出代表「壴」這個符號的部件，並說說它代表的意思。

2 說說看，「彡」這個符號代表什麼意思？

3 請造與「彭」有關的詞語。

4 說說看「彭」的故事，並把它畫下來和寫下來。

澎ㄆㄥˊ

澎	→	氵	+	彭
⇕		⇕		⇕
[seal script]		[seal script]		[seal script]
⇕		⇕		⇕
[ancient script]		[ancient script]		[ancient script]

澎（[ancient script]）湖海邊的海水（[ancient script]）不斷拍擊著岸邊的礁石，發出如鼓聲一般彭！彭！（[ancient script]）的聲音。

1. 用楷書寫出代表「[ancient script]」這個符號的部件，並說說它代表的意思。

2. 用楷書寫出「[ancient script]」這個字，並說說它代表的意思。

3. 請造與「澎」有關的詞語。

4. 說說看「澎」的故事，並把它畫下來和寫下來。

樹ㄕㄨˋ

樹 → 木 ＋ 尌

樹木（木）的生長有背地性特質，植株無法平鋪在地上，得直立起來才會成挺立的大樹（樹），這就像打鼓時需要手（寸）將鼓（壴）豎立起來（尌）才能擊出宏亮聲響一樣的道理。

1. 用楷書寫出代表「木」這個符號的部件，並說說它代表的意思。

2. 說說看，「尌」這個符號代表什麼意思？並用楷書寫出來。

3. 請造與「樹」有關的詞語。

4. 說說看「樹」的故事，並把它畫下來和寫下來。

二十八
來

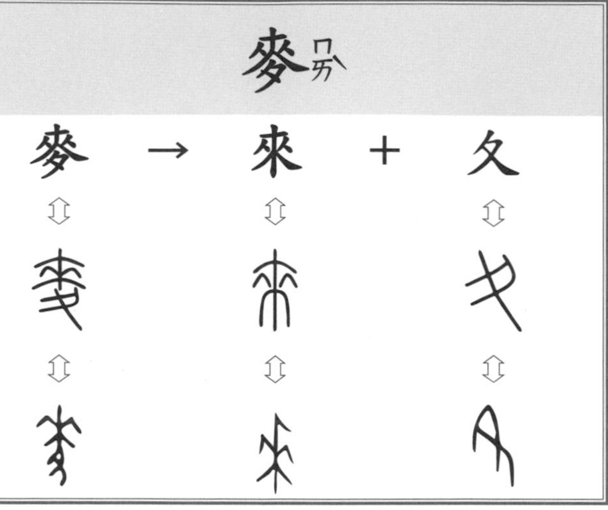

麥（ ）子下種於秋季，需至明年的夏季才能收穫，生長速度相當遲緩，這種成長腳步（ ）進行緩慢，成熟期遲遲不來（ ）的情形，讓農人等得太辛苦了。

1. 說說看，「 」這個符號代表什麼意思？並用楷書寫出來。

2. 用楷書寫出代表「 」這個符號的部件，並說說它代表的意思。

3. 請造與「麥」相關的詞語。

4. 說說看「麥」的故事，並把它寫下來和畫下來。

嗇ㄙㄜˋ		
嗇 →	來 +	㐭
⇕	⇕	⇕
嗇（小篆）	來（小篆）	㐭（小篆）
⇕	⇕	⇕
嗇（甲骨文）	來（甲骨文）	㐭（甲骨文）

農人耕種麥穀（來）是很辛苦的，常常將所有收成的麥子都一粒不剩的收在糧倉（㐭）裡，這種本來是珍惜得之不易的穀物的行為，卻被誤解為吝嗇（嗇），真是大誤會呀！

1. 說說看，「來」這個符號代表什麼意思？並用楷書寫出來。

2. 用楷書寫出代表「㐭」這個符號的部件，並說說它代表的意思。

3. 請造與「嗇」相關的詞語。

4. 說說看「嗇」的故事，並把它寫下來和畫下來。

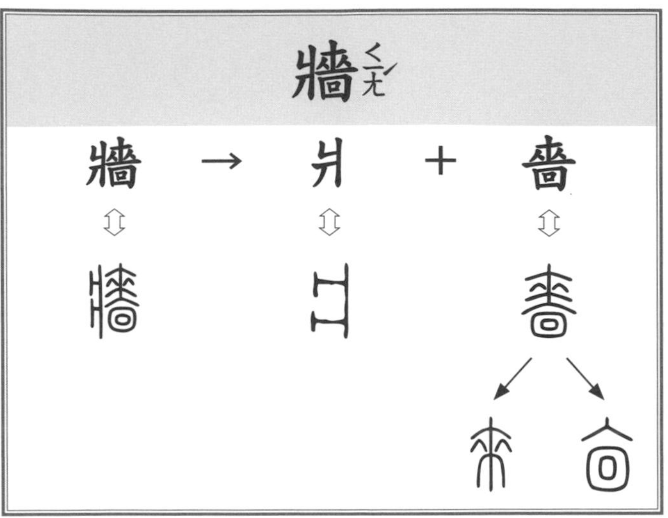

農人將麥子、穀物（來）等收穫存放在糧倉（㐭），早期糧倉的圍牆（牆）是將木頭縱剖成片狀（爿）再豎圍而成的。

1 說說看，「爿」這個符號代表什麼意思？並用楷書寫出來。

2 用楷書寫出代表「嗇」這個符號的部件，並說說它代表的意思。

3 請造與「牆」相關的詞語。

4 說說看「牆」的故事，並把它寫下來和畫下來。

差ㄔㄚ（搓ㄘㄨㄛ）

差 → 來 ＋ 左

農人種麥穀（𣎵）收成後要將麥芒加以磨治，常常看到農人徒手（𠂇）拿著麥穗（𠂹）搓磨，這種方式效果很差（𢀩），倒不如善用工（工）具的好。

1. 說說看，「𣎵」這個符號代表什麼意思？並用楷書寫出來。

2. 用楷書寫出代表「𠂹」這個符號的部件，並說說它代表的意思。

3. 請造與「差」相關的詞語。

4. 說說看「差」的故事，並把它寫下來和畫下來。

二十九
虎

戲ㄒㄧˋ

戲 → 䖒 ＋ 戈

古時候習武之人帶著虎頭面具（虍），在鼓（豆）聲中拿著武器（戈）比武角力，這是習武之人的一種遊戲（戲）。

1. 說說看，「䖒」這個符號代表什麼意思？並用楷書寫出來。

2. 說說看，「戈」這個符號代表什麼意思？並用楷書寫出來。

3. 請造與「戲」有關的詞語。

4. 說說看「戲」的故事，並把它畫下來和寫下來。

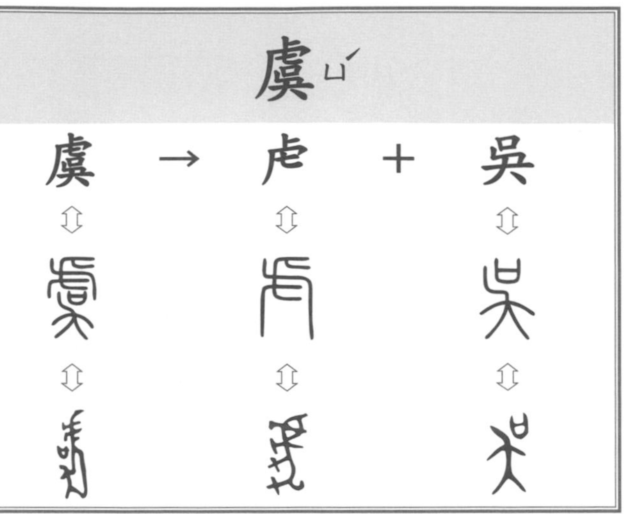

虞（ ）姓家族重習武，以征服老虎為樂，他們的娛樂之一就是表演的人帶著虎頭面具（ ），一邊開口（ ）唱歌、一邊歪著頭（ ）跳舞，以表示自己的威武快樂呢。

1. 說說看，「 」這個符號代表什麼意思？並用楷書寫出來。

2. 說說看，「 」這個符號代表什麼意思？並用楷書寫出來。

3. 請造與「虞」有關的詞語。

4. 說說看「虞」的故事，並把它畫下來和寫下來。

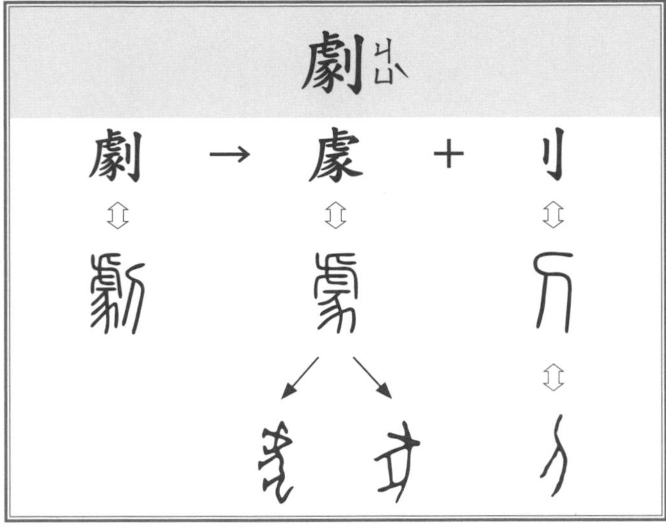

古時候中國人也看動物格鬥，常常讓野豬（豕）和老虎（虍）兩隻凶猛的野獸（豦）激烈纏鬥，最後再拿刀（刀）將倖存者結束掉，這種動物間劇（劇）烈的爭鬥，古人當作看戲劇一樣，實在殘忍。

1 說說看，「豦」這個符號代表什麼意思？並用楷書寫出來。

2 說說看，「刀」這個符號代表什麼意思？並用楷書寫出來。

3 請造與「劇」有關的詞語。

4 說說看「劇」的故事，並把它畫下來和寫下來。

獻 ㄒㄧㄢˋ				
獻	→	鬳	＋	犬
⇕		⇕		⇕
獻		鬳		犬
⇕		⇕		⇕
獻		鬳		犬

古人不只將牛牲、羊牲拿來進獻（獻），有時還用虎（虍）紋裝飾的尊貴炊具（鬳）盛著狗（犬）牲，進獻給宗廟的神明享用。

1 說說看，「鬳」這個符號代表什麼意思？並用楷書寫出來。

2 說說看，「犬」這個符號代表什麼意思？並用楷書寫出來。

3 請造與「獻」有關的詞語。

4 說說看「獻」的故事，並把它畫下來和寫下來。

三十
衣

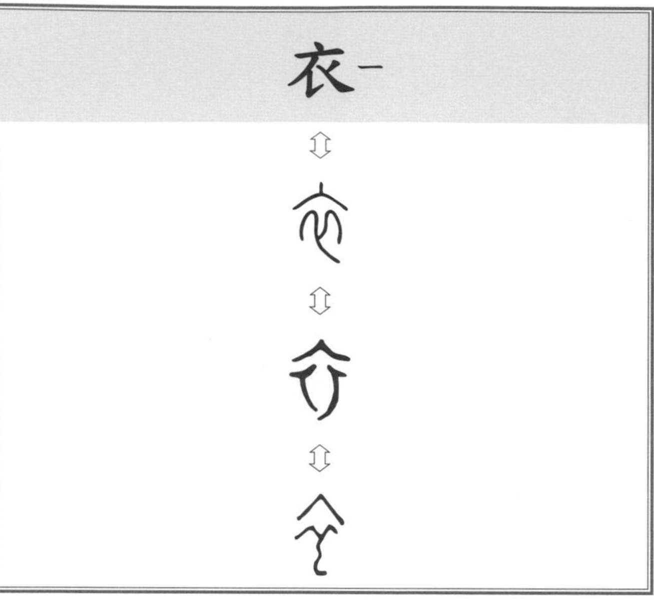

古人所穿的衣（𠖋）服跟我們現在的不一樣，是沒有扣子、在胸前交疊的交衽衣服，有點像日本的和服。

1 說說看，「𠖋」這個符號代表什麼意思？並用楷書寫出來。

2 請造與「衣」有關的詞語。

3 說說看「衣」的故事，並把它畫下來和寫下來。

裘ㄑㄧㄡˊ

裘 → 求 + 衣

皮裘（ ）是用手剝取動物皮毛（ ），再用這些皮毛製作成的保暖衣（ ）服，也就是現在的人所說的「皮草」。

1. 說說看，「 」這個符號代表什麼意思？並用楷書寫出來。

2. 說說看，「 」這個符號代表什麼意思？並用楷書寫出來。

3. 請造與「裘」有關的詞語。

4. 說說看「裘」的故事，並把它畫下來和寫下來。

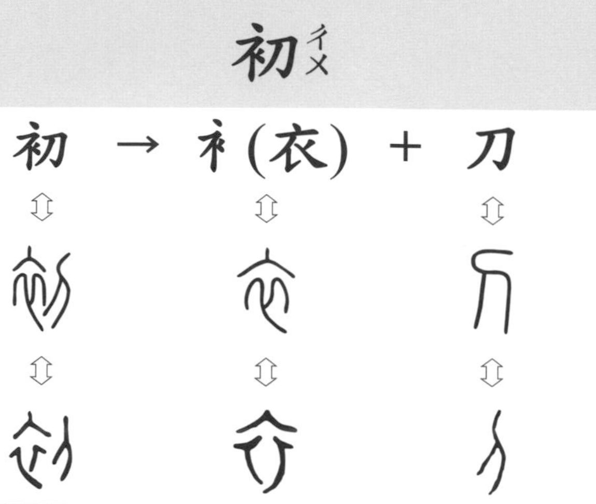

在製作衣服之前，起初（）的第一步驟必須先用剪刀（）剪裁出衣服（）的形狀。

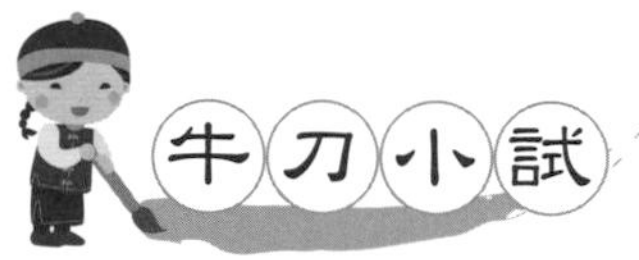

1 說說看，「」這個符號代表什麼意思？並用楷書寫出來。

2 說說看，「」這個符號代表什麼意思？並用楷書寫出來。

3 請造與「初」有關的詞語。

4 說說看「初」的故事，並把它畫下來和寫下來。

三十一
青
青

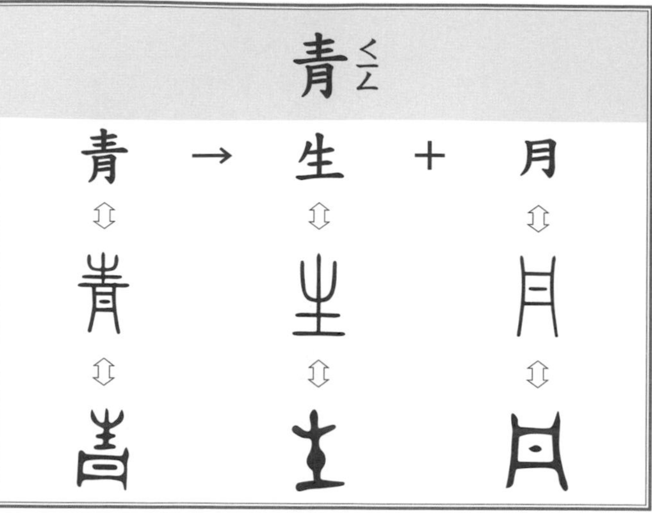

在井邊汲水常會潑灑出來，泥土因此而得水分潤澤，所以在井（丹）邊生（生）長出的青（青）草，常是最青翠、最佳的狀態。

1 說說看，「丹」這個符號代表什麼意思？並用楷書寫出來。

2 用楷書寫出代表「生」這個符號的部件，並說說它代表的意思。

3 請造與「青」有關的詞語。

4 說說看「青」的故事，並把它畫下來和寫下來。

清 ㄑㄧㄥ

清 → 氵 + 青

清（）水就是水（）很清澈、透亮，是水的最佳狀態。就像井（）邊生（）長出的青青（）草色，令人眼睛為之一亮。

1. 說說看，「」這個符號代表什麼意思？並用楷書寫出來。

2. 用楷書寫出代表「」這個符號的部件，並說說它代表的意思。

3. 請造與「清」有關的詞語。

4. 說說看「清」的故事，並把它畫下來和寫下來。

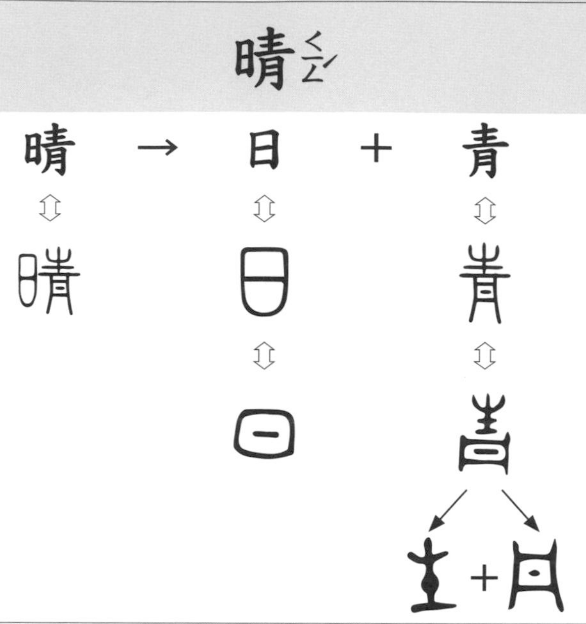

耀眼的太陽（日）在青色（青）的天空中綻放光芒，今天真是個美好、明亮的大晴（晴）天。

1. 用楷書寫出代表「日」這個符號的部件，並說說它代表的意思。

2. 說說看，「青」這個符號代表什麼意思？並用楷書寫出來。

3. 請造與「晴」有關的詞語。

4. 說說看「晴」的故事，並把它畫下來和寫下來。

精 ㄐㄧㄥ

精 → 米 + 青

⇕ ⇕ ⇕

精 米 青

⇕ ⇕

米 青

⇕

米 生 + 井

精（精）米就是將米（米）中的稻殼、雜質去除，留下白晰透亮最精華的部分，就像井（井）邊生（生）長出的青青（青）草色一樣令人喜愛。

1. 說說看，「青」這個符號代表什麼意思？並用楷書寫出來。

2. 說說看，「米」這個符號代表什麼意思？並用楷書寫出來。

3. 請造與「精」有關的詞語。

4. 說說看「精」的故事，並把它畫下來和寫下來。

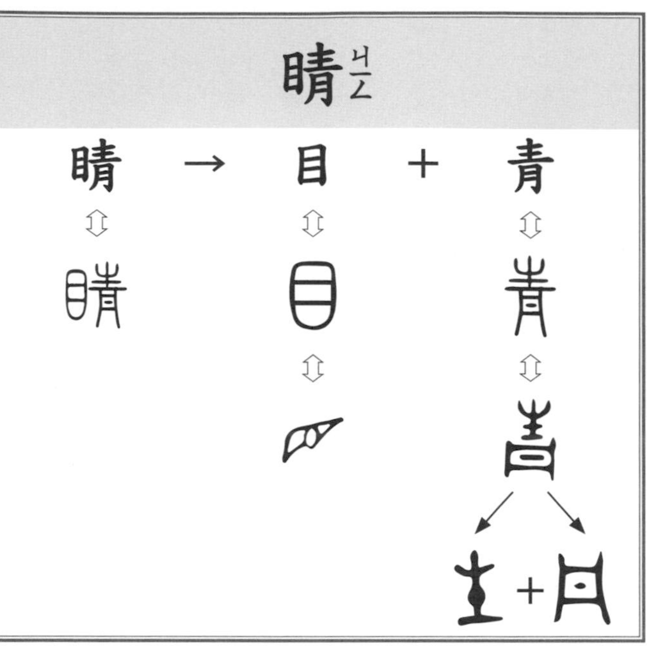

那位少女長得眉清目（目）秀，尤其是她那明亮清澈的眼睛（睛），眼白處還帶點淡青（青）色，特別吸引人。

1. 用楷書寫出代表「目」這個符號的部件，並說說它代表的意思。

2. 說說看，「青」這個符號代表什麼意思？並用楷書寫出來。

3. 請造與「睛」有關的詞語。

4. 說說看「睛」的故事，並把它畫下來和寫下來。

請ㄑㄧㄥˇ

請 → 言 ＋ 青

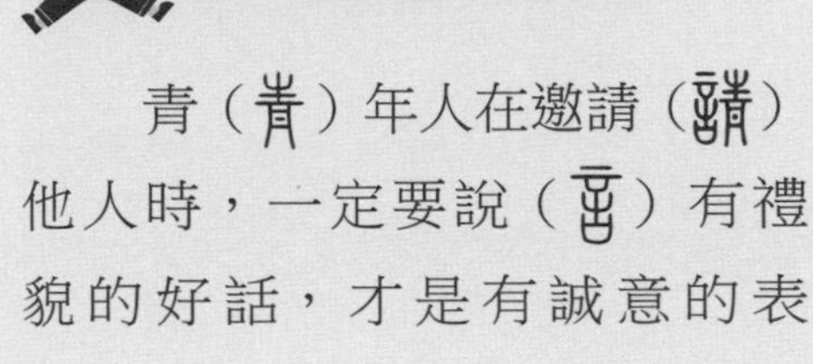

青（青）年人在邀請（請）他人時，一定要說（言）有禮貌的好話，才是有誠意的表現。

1. 說說看，「言」這個符號代表什麼意思？並用楷書寫出來。

2. 用楷書寫出代表「青」這個符號的部件，並說說它代表的意思。

3. 請造與「請」有關的詞語。

4. 說說看「請」的故事，並把它畫下來和寫下來。

三十二
戈
士

戍ㄕㄨˋ				
戍	→	人	+	戈

古代戍（ ）守邊疆，只看到士兵（ ）的肩上扛著長長的戈（ ），以現代的觀點來看，好像防衛還不夠。

1. 說說看，「 」這個符號代表什麼意思？並用楷書寫出來。

2. 說說看，「 」這個符號代表什麼意思？並用楷書寫出來。

3. 請造與「戍」有關的詞語。

4. 說說看「戍」的故事，並把它畫下來和寫下來。

伐 ㄈㄚˊ

伐 → 人 ＋ 戈

⇕ ⇕ ⇕

[小篆] [小篆] [小篆]

⇕ ⇕ ⇕

[甲骨文] [甲骨文] [甲骨文]

古代的征伐（[古文字]）就是以銳利刀刃兵器戈（[古文字]）攻擊、殺害人（[古文字]）的頭部，也就是以武力攻打的意思。

1. 說說看，「[古文字]」這個符號代表什麼意思？並用楷書寫出來。

2. 說說看，「[古文字]」這個符號代表什麼意思？並用楷書寫出來。

3. 請造與「伐」有關的詞語。

4. 說說看「伐」的故事，並把它畫下來和寫下來。

戒 ㄐㄧㄝˋ

戒 → 戈 + 廾

古時候，士兵用雙手（ ）拿著銳利刀刃兵器戈（ ）來戒（ ）備或警戒，以防備敵人入侵或攻擊。

1. 說說看，「 」這個符號代表什麼意思？並用楷書寫出來。

2. 說說看，「 」這個符號代表什麼意思？並用楷書寫出來。

3. 請造與「戒」有關的詞語。

4. 說說看「戒」的故事，並把它畫下來和寫下來。

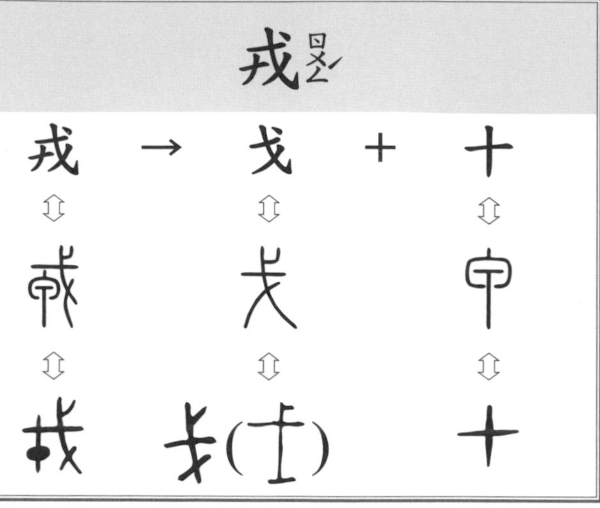

文字小故事

古代多爭戰，各國常常兵戎相見，但他們的武器也不是多發達，大部分是銳利且有攻擊性的戈（），和保護士兵身體的盾甲（）。有時盾甲背後也做成粗寬的「十」字形握把比較方便手握。所以他們號稱的兵戎（）也只不過是戈和甲而已，不如我們現代的武器。

1. 說說看，「」這個符號代表什麼意思？並用楷書寫出來。

2. 說說看，「」這個符號代表什麼意思？並用楷書寫出來。

3. 請造與「戎」有關的詞語。

4. 說說看「戎」的故事，並把它畫下來和寫下來。

三十三
戔

淺 ㄑㄧㄢˇ

淺	→	氵	+	戔

小河的水（水）流中，露出了堆疊在一起像武器（戔）的銳利岩石，雖然水很淺（淺），但過河時還是得小心，不然一跌倒，可會頭破血流啊！

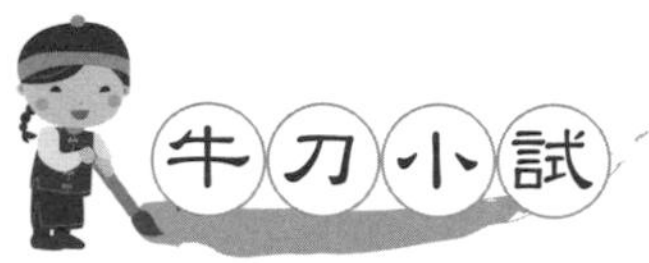

1. 說說看，「水」這個符號代表什麼意思？並用楷書寫出來。

2. 用楷書寫出代表「戔」這個符號的部件，並說說它代表的意思。

3. 請造與「淺」有關的詞語。

4. 說說看「淺」的故事，並把它畫下來和寫下來。

殘 ㄘㄢˊ

殘 → 歹 + 戔

古時戰爭，用戈（ ）這種兵器相互攻擊，短兵相接（ ）的結果是枯骨（ ）遍野或傷殘（ ）無數，真是殘（ ）酷。

1. 說說看，「 」這個符號代表什麼意思？並用楷書寫出來。

2. 說說看，「 」這個符號代表什麼意思？並用楷書寫出來。

3. 請造與「殘」有關的詞語。

4. 說說看「殘」的故事，並把它畫下來和寫下來。

賤 ㄐㄧㄢˋ

賤	→	貝	+	戔
⇕		⇕		⇕
賤（篆文）		貝（篆文）		戔（篆文）
⇕		⇕		⇕
賤（古文字）		貝（古文字）		戔（古文字）

大王戰敗了，滿屋子的美麗貝（貝）殼及珍寶都來不及帶走，就被敵國士兵們用兵器（戈）一刀刀（戔）的破壞，滿地的貝殼碎片，什麼價值都沒有，就被賤（賤）賣了。

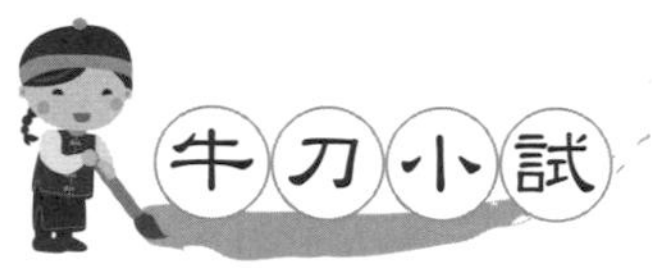

1. 說說看，「貝」這個符號代表什麼意思？並用楷書寫出來。

2. 用楷書寫出代表「戔」這個符號的部件，並說說它代表的意思。

3. 請造與「賤」有關的詞語。

4. 說說看「賤」的故事，並把它畫下來和寫下來。

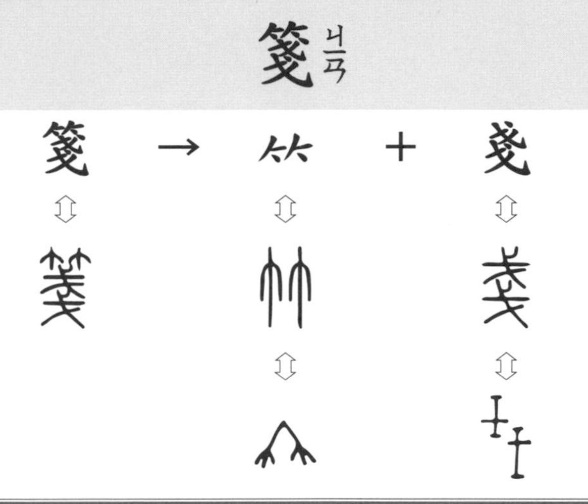

古代人只要用兵器（戈）般的利刃將竹（竹）子削成狹長的小薄片（戔），就可以在上面寫下文字，夾在竹簡中，這是方便的小小書信箋（箋）呢！

1 說說看，「⺮」這個符號代表什麼意思？並用楷書寫出來。

2 用楷書寫出代表「戔」這個符號的部件，並說說它代表的意思。

3 請造與「箋」有關的詞語。

4 說說看「箋」的故事，並把它畫下來和寫下來。

三十四
申

電 ㄉㄧㄢˋ

電 → 雨 ＋ 申

雷電（）交加的天空，總是讓我們先看到閃電（），緊接著就下雨（）了。

1. 說說看，「」這個符號代表什麼意思？並用楷書寫出來。

2. 說說看，「」這個符號代表什麼意思？並用楷書寫出來。

3. 請造與「電」有關的詞語。

4. 說說看「電」的故事，並把它畫下來和寫下來。

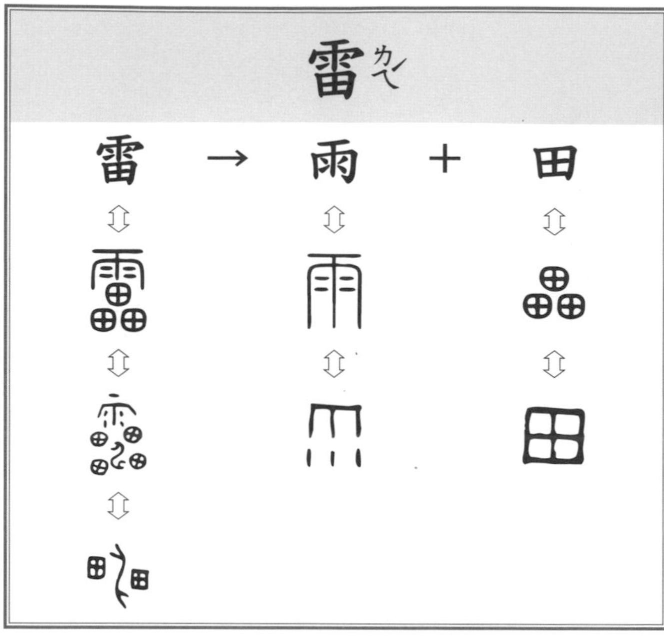

在空曠的田（田）野上，最容易看見閃電打雷（靁）了，打雷後緊接著就下雨，所以要看到精彩的打雷秀，就要把握在田（田）野和下雨（雨）前這兩個要點。

1. 說說看，「⺳」這個符號代表什麼意思？並用楷書寫出來。

2. 說說看，「田」這個符號代表什麼意思？並用楷書寫出來。

3. 請造與「雷」有關的詞語。

4. 說說看「雷」的故事，並把它畫下來和寫下來。

神ㄕㄣˊ

神	→	示(礻)	+	申
⇳		⇳		⇳
[古文字]		[古文字]		[古文字]
⇳		⇳		⇳
[古文字]		[古文字]([古文字])		[古文字]
		⇳		⇳
		[古文字]		[古文字]

文字小故事

聽說以前的人求雨，需要在祭台（[古文字]）上擺酒祭祀，祭祀後再將酒灑於祭台四周（[古文字]），有了這樣的祝禱，神（[古文字]）明才會打雷（[古文字]）下雨。

1. 說說看，「[古文字]」這個符號代表什麼意思？並用楷書寫出來。

2. 說說看，「[古文字]」這個符號代表什麼意思？並用楷書寫出來。

3. 請造與「神」有關的詞語。

4. 說說看「神」的故事，並把它畫下來和寫下來。

伸ㄕㄣ

伸 → 人(亻) + 申

⇳ ⇳ ⇳

(小篆：伸、人、申)

⇳ ⇳

(古文字：人、申(𦥔))

人（人）的身體和四肢，像閃電（申）線條一樣延伸，人的身體四肢得以伸（伸）展，這樣才會舒服。

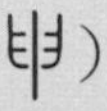

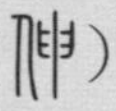

1. 說說看，「人」這個符號代表什麼意思？並用楷書寫出來。

2. 說說看，「申」這個符號代表什麼意思？並用楷書寫出來。

3. 請造與「伸」有關的詞語。

4. 說說看「伸」的故事，並把它畫下來和寫下來。

三十五

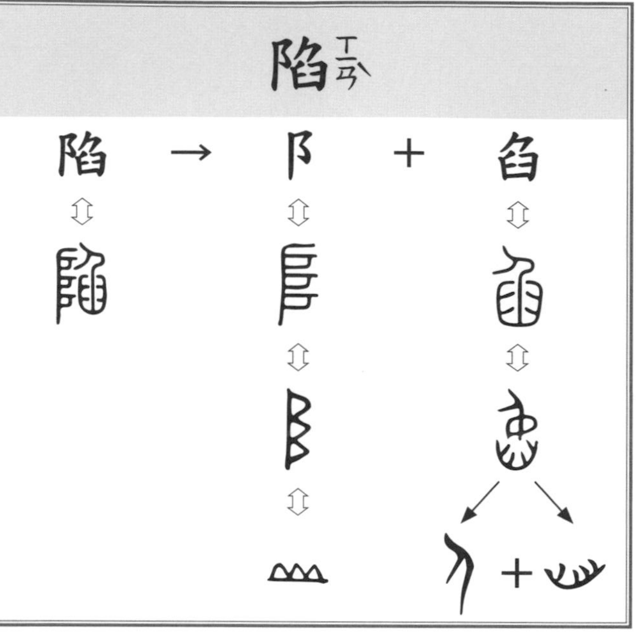

古代狩獵要做陷（）阱時，都會在山中（）挖洞，洞中放滿尖刺（），讓人（）或獵物掉入而無法逃離。

1 說說看，「」這個符號代表什麼意思？並用楷書寫出來。

2 說說看，「」這個符號代表什麼意思？並用楷書寫出來。

3 請造與「陷」有關的詞語。

4 說說看「陷」的故事，並把它畫下來和寫下來。

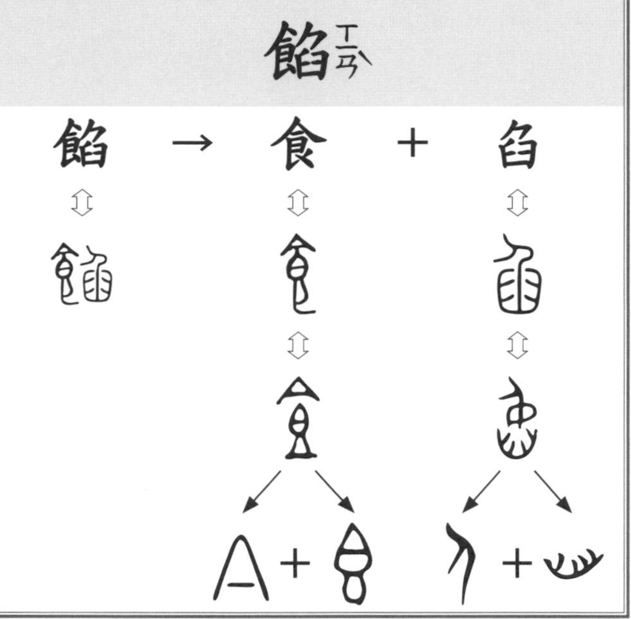

餡（）餅的做法很簡單，就是將煮好的食（）材包藏（）在餅皮中，內部的肉菜就像人（）掉入凹陷洞（）裡被包覆著。

1 說說看，「」這個符號代表什麼意思？並用楷書寫出來。

2 說說看，「」這個符號代表什麼意思？並用楷書寫出來。

3 請造與「餡」有關的詞語。

4 說說看「餡」的故事，並把它畫下來和寫下來。

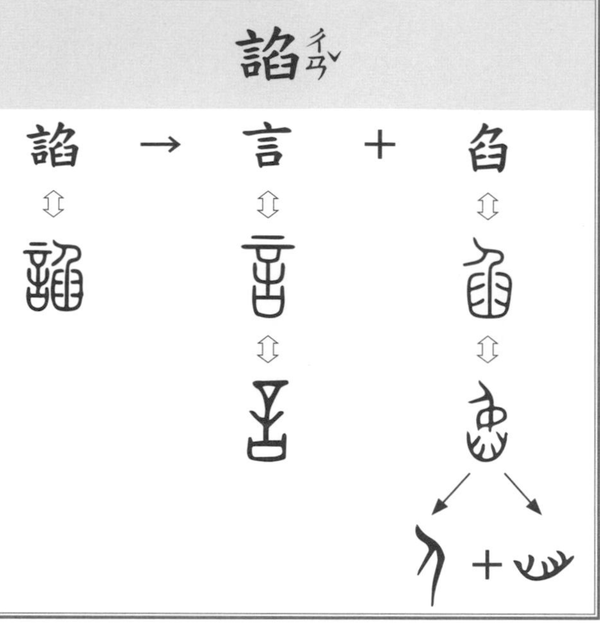

諂（）媚的人，會用好聽的言語（）把真相包藏（）起來，使人（）陷入謊言的凹洞（）內，頭腦不清而無法自拔。

1. 說說看，「」這個符號代表什麼意思？並用楷書寫出來。

2. 說說看，「」這個符號代表什麼意思？並用楷書寫出來。

3. 請造與「諂」有關的詞語。

4. 說說看「諂」的故事，並把它畫下來和寫下來。

焰 ㄧㄢˋ

焰 → 火 ＋ 臽

一點點的火叫「火苗」，而火（火）量不少且層層包藏（臽）在一起的火叫作「火焰（焰）」。內部的火就像人（人）掉入凹陷洞（臼）裡被包覆著。

1. 說說看，「火」這個符號代表什麼意思？並用楷書寫出來。

2. 說說看，「臽」這個符號代表什麼意思？並用楷書寫出來。

3. 請造與「焰」有關的詞語。

4. 說說看「焰」的故事，並把它畫下來和寫下來。

三十六

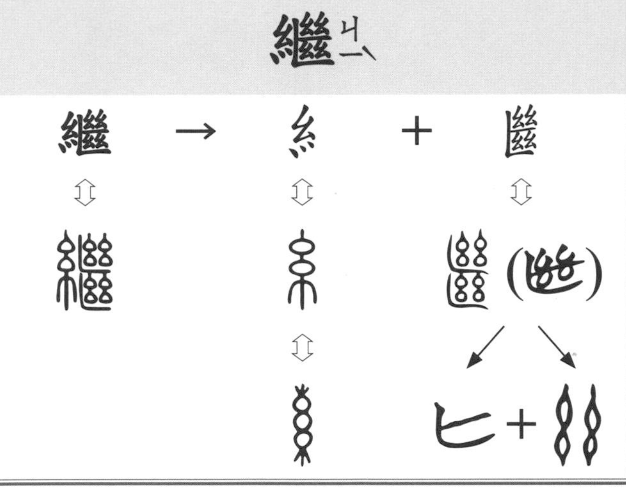

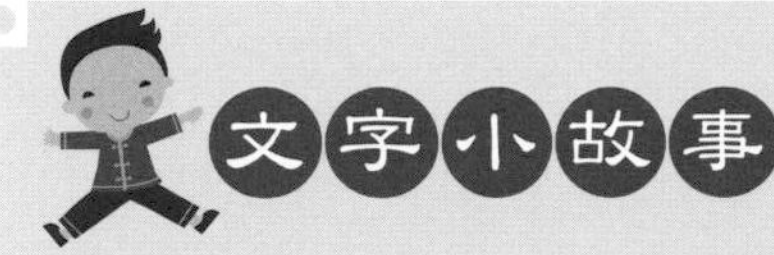

放在方櫃裡的一縷縷絲線（𢇍）亂了要用利器切斷，之後還要用絲線（糸）接續起來，繼（繼）續完成一匹布。

1. 說說看，「糸」這個符號代表什麼意思？並用楷書寫出來。

2. 說說看，「𢇍」這個符號代表什麼意思？並用楷書寫出來。

3. 請造與「繼」有關的詞語。

4. 說說看「繼」的故事，並把它畫下來和寫下來。

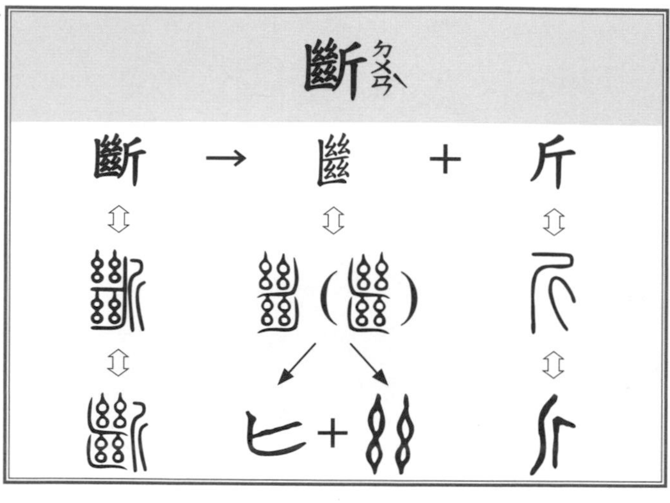

當放置在方櫃（匸）裡一縷縷的絲線（𢆶）亂了糾纏在一起時，古人會拿利器（斤）先將絲切斷（斷），再做其他處理。

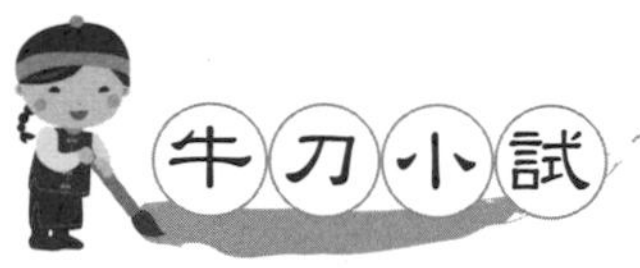

1. 說說看，「㡭」這個符號代表什麼意思？並用楷書寫出來。

2. 說說看，「斤」這個符號代表什麼意思？並用楷書寫出來。

3. 請造與「斷」有關的詞語。

4. 說說看「斷」的故事，並把它畫下來和寫下來。

古時，孟母正跪坐（）著紡紗織布，孟子逃學回來，孟母為了教導孟子學習不可半途而廢的道理，便拿著一把刀（）把絲線（）斷絕（），不再接續。

1. 說說看，「」這個符號代表什麼意思？並用楷書寫出來。

2. 說說看，「」這個符號代表什麼意思？並用楷書寫出來。

3. 請造與「絕」有關的詞語。

4. 說說看「絕」的故事，並把它畫下來和寫下來。

注音索引

筆記欄

國家圖書館出版品預行編目（CIP）資料

有生命的漢字：部件意義化識字教材 / 李雪娥等著 .
-- 初版 . -- 新北市：心理 , 2018.09
面； 公分 . --（語文教育系列；48020）
學生版
ISBN 978-986-191-837-2（平裝）

1. 漢語教學 2. 識字教育 3. 小學教學

523.311 107013462

語文教育系列 48020

有生命的漢字：部件意義化識字教材【學生版】

主 編：李雪娥
作 者：李雪娥、高佩茹、陳曉依、陳雅嫙、陳寶玉、陳凱玫、劉至瑜、劉蘋誼
執行編輯：陳文玲
總 編 輯：林敬堯
發 行 人：洪有義
出 版 者：心理出版社股份有限公司
地 址：231026 新北市新店區光明街 288 號 7 樓
電 話：(02) 29150566
傳 真：(02) 29152928
郵撥帳號：19293172 心理出版社股份有限公司
網 址：https://www.psy.com.tw
電子信箱：psychoco@ms15.hinet.net
排 版 者：龍虎電腦排版股份有限公司
印 刷 者：龍虎電腦排版股份有限公司
初版一刷：2018 年 9 月
初版三刷：2021 年 12 月
I S B N：978-986-191-837-2
定 價：新台幣 250 元